Instinto Empresarial

Raquel Sastre

Sastre, Raquel
     Instinto emprersarial. - 1a ed. - Buenos Aires : Pluma Digital Ediciones, 2014.
     300 p. ; 22x15 cm.

     ISBN 978-987-3645-05-1

     1. Narrativa Argentina. 2.   Novela. I. Título
     CDD A863

Coordinación editorial: Osvaldo Pacheco
carlososvaldopacheco@hotmail.com

Diseño de tapa e interior: www.editopia.com.ar

Fecha de catalogación: 03/04/2014

ISBN 978-987-3645-05-1

9 789873 645051

Índice

Índice

Agradecimientos

Algún tiempo atrás recibí un mensaje por correo en el que me solicitaban que escribiera unas pocas palabras para despedir al director de un instituto de estudios, del que formé parte, que se jubilaba. La idea era editar un libro con los agradecimientos y saludos de todos los que, de un modo u otro, habían formado parte del instituto. En la ceremonia de despedida se hizo la entrega del libro, muy bonito, muy bien encuadernado, pero lo más importante: ¡muy grueso!

Agradecer con pocas palabras lo mucho que recibimos de las personas que nos rodean es una tarea difícil y más aún lo es mencionar a todos los que nos brindaron apoyo para realizar nuestra labor. En este caso en particular la lista sería muy extensa y resultaría otro libro, ¡muy grueso!

Esta obra está conformada por tres partes; los agradecimientos también están organizados del mismo modo. La primera parte transcurre en la Argentina y en Brasil. Aborda el mundo de los negocios y la vida académica en los cursos de grado y posgrado. Mis agradecimientos, en Brasil, los dirijo especialmente al equipo de personas que a lo largo de 19 años hicieron posible la creación y el desarrollo de una empresa que perdura, más allá del cambio de sus dueños y de sus directores. En el mundo académico argentino agradezco a los profesores eméritos Juan José Gilli y Jorge Stern, directores del Doctorado y del MBA de la Facultad de Ciencias Económicas de la Universidad de Buenos Aires, respectivamente, por todo el apoyo que me brindan. En los cursos de grado tuve la felicidad de dictar clases a los alumnos del último año de la carrera de Licenciado en Administración, de quienes aprendí mucho y a quienes les dediqué mis dos primeros libros. Por haberme otorgado esa oportunidad, les agradezco a los profesores titulares de la materia Dirección General: Pedro Basualdo, Patricia Bonatti, Jorge Etkin, Héctor Fainstein y Leonardo Schvarstein.

En estas páginas muchas situaciones en las aulas de posgrado se inspiraron en mis colegas. A Claudio Pavón, Daniela Pascual, Graciela Cuello, Juan Manuel Campana y Sandra Castro gracias por vuestro cálido vínculo de amistad. Patricia Debeljuh y Paula Marra contribuyeron, desde el desarrollo teórico y desde la práctica de la gestión de personas, a que en estas páginas se perfile la sutil diferencia del rol de la mujer en los negocios.

En la segunda parte, la vida académica se entremezcla con el mundo de los agronegocios ante el desafío de implementar un proyecto en un ambiente culturalmente diferente. Transcurre principalmente en España, en Kenia y en la Argentina. Del claustro académico español deseo agradecer a todo el equipo del Instituto Empresa y Humanismo, en particular a quien fue su director e impulsor: Rafael Alvira. Al profesor Jaime Nubiola por su dedicación a la lectura de los libros que escribo, por sus invalorables aportes y por la amistad que me brinda. Del mismo modo le soy grata a los profesores Juan Maté y José Moure del Departamento de Tecnología de los Alimentos de la Universidad Pública de Navarra en la que realizo una estancia posdoctoral.

En el ámbito de los agronegocios agradezco a todas las personas que se interesaron por el desafiante proyecto de exportar el conocimiento y la tecnología que se aplica en la Argentina a Kenia.

En particular al exsecretario de Agricultura de la Nación, Lorenzo Basso; a la directora de África Subsahariana de la Cancillería de la Argentina, Bibiana Jones; al director del Posgrado en Alta Dirección en Agronegocios y Alimentos de la Universidad de Buenos Aires, Fernando Vilella; al profesor y amigo Roberto Bisang y a Justo Casal por los conocimientos sobre Kenia que compartió con nosotros.

La tercera parte transcurre en Kenia y expreso mis agradecimientos a todas las personas, tanto del ámbito académico de las Universidades públicas y privadas, como del mundo empresarial, (que son muchas) y con quienes interactuamos durante las seis semanas que se relatan en estas páginas.

Finalmente, este párrafo lo dedico para agradecer a quienes pacientemente leyeron y releyeron el manuscrito. A Osvaldo Pacheco, Marcela Pezzuto, Cristina Ratto y Darío Wainer gracias por las valiosas contribuciones que me brindaron y que fueron incorporadas a esta obra.

Mientras este libro se terminaba una nueva vida se iniciaba en enero de 2014 ¡Bienvenida a nuestra familia, Luana! A mis queridos hijos que me apoyan en todo lo que decido emprender y a mi entrañable compañero de aventuras Janusz, les reservo la última palabra de agradecimiento: ¡Asante wapendwa!

Cracovia, febrero de 2014

Prologo

Estimado Lector: ¿Por qué en el mundo de los negocios *todos miran, algunos elegidos ven* y un *selecto grupo ejecuta exitosamente*? ¿Cómo hacen determinadas personas u organizaciones para transformar las intuiciones en ideas, las ideas en proyectos, los proyectos en negocios promisorios y los negocios exitosos en aportes sociales?

Preguntas de este tipo -que motivan este libro- no admiten respuestas lineales, sencillas y de única interpretación. En las explicaciones suelen mezclarse razones económicas, legales, institucionales, sociológicas… y un pizca de suerte (calificativo habitual cuando la ciencia y los científicos aún no tienen explicaciones válidas). Un atajo en la búsqueda de respuestas es el análisis de las experiencias personales donde, como en la vida, maravillosamente, todo se mezcla.

Bienvenido sea, en ese sentido, este libro que transita narrando experiencias de vida, viajes, intuiciones -a veces convertidas en negocios exitosos y otras en invalorables fuentes de aprendizajes- emprendimientos e inestimables reflexiones que van más allá del lucro.

Admite una doble lectura: puede leerse como la crónica de un momento de la vida empresarial de Sofía y Rafael, ó, como una reflexión acerca de la motivación humana por hacer cosas. Y allí el listado de temas es tan amplio como atractivo: la importancia de la flexibilidad y la "mente abierta" frente a los cambios de contexto, el aprendizaje en base al análisis de las causas de los fracasos, la "labilidad" temporal de los emprendimientos, la apuesta permanente a la excelencia y el manejo de la constante tensión entre el tiempo dedicado a los negocios y los aspectos más personales de la vida de los empresarios. En ese recorrido, surge la primera clave del aprendizaje empresarial exitoso: el temprano abandono de la "mirada aldeana" para abrirse a los enriquecedores aportes de otras culturas (desde los viajes al interior profundo de Argentina hasta Brasil y Kenia, pasando por la ancestral Polonia).

Está narrado de forma particular: en cada capítulo, además del relato agradable siempre hay una reflexión más profunda, un echar mano a alguna conceptualización académica, una infaltable mención a la "lección aprendida". Arroja luz sobre una dinámica diferenciadora: el constante aprendizaje de los empresarios que aúna la vorágine de los negocios con la reflexión calma de las aulas. Allí la segunda clave del libro.

Recorrer con Sofía y Rafael cada uno de los capítulos del libro es además una invitación, para cada lector, a reflexionar sobre casos similares o sobre su propia experiencia. Y lo más atractivo es que -a modo de tercera clave a resolver o futuro a construir- la historia empresarial que nos narran y sus aprendizajes de vida es siempre dinámica y con final abierto donde lo único sólido son las escalas de valores. Quizás ese sea el secreto.

Roberto Bisang

Introducción

La mayoría de los libros, en sus más diversos géneros literarios, siguen una estructura del tipo: comienzo, medio y fin. En la Introducción o en el Prólogo los autores, en general, explican de qué trata su obra, a quiénes está destinada y cómo está organizada. Así, el lector suele tener la impresión de estar frente a un trabajo que fue elaborado siguiendo un cuidadoso "plan de la obra".

Este libro no sigue la linealidad de un plan predeterminado; contiene el desorden de la vida misma. Nació al regresar de mi último viaje a Kenia y creció alimentado por las observaciones que había anotado durante mi estadía. Si tuviese que encuadrarlo en algún género literario, el más afín sería una "novela-empresarial" en cuyo contenido encontramos la narrativa de una experiencia biográfica con fines didácticos. El relato pretende ser ágil y ameno, de lectura amigable. Utilizando diálogos, y un poco de humor, los personajes transmiten los mensajes y las ideas vitales del libro, saltando en el tiempo y moviéndose por la geografía de varios países, como la Argentina, Brasil, España, Etiopía y Kenia, entre otros.

En estas páginas el lector encontrará la ficción anclada en vivencias reales de su autora, dedicada a la creación y el desarrollo de emprendimientos empresariales. Más allá de la ambigüedad en el género literario, el lector podrá recorrer en esta obra las aventuras y desventuras de los dos personajes principales que, llevados por su *instinto empresarial,* crean y recrean organizaciones en diferentes contextos en los que se perfila la incertidumbre y continúa *in crescendo.*

La primera parte transcurre en la Argentina y en Brasil. Narra los diferentes negocios que tuvieron sus personajes, con su dosis de pionerismo e innovación y de los cuales se entró y salió por intermedio de cambios, en su mayoría, no planeados. En la segunda parte, la avidez por adquirir nuevos conocimientos que contribuyeran a reducir la tensión que genera la incertidumbre, lleva a los personajes a viajar y a estudiar otras disciplinas complementarias a sus conocimientos sobre *management.* Otros lugares con otra historia, otras identidades y espiritualidad requieren una mirada multidisciplinaria y, en el diálogo entre los personajes, se pone en evidencia la brecha cultural que se presenta cuando se pretende emprender proyectos empresariales complejos. Finalmente, la tercera parte relata las ocho semanas que transcurren en Kenia y en Etiopía durante las cuales los personajes, a partir de su propósito de trasladar el sistema de organización empresarial en los agronegocios de la Argentina a Kenia, buscan elaborar una estrategia exitosa para lograrlo.

¿Y qué ocurre al final, es decir, cómo termina la novela? Los personajes persiguen incansablemente sus fines, pero ¿los logran? A esta narrativa le fue destinado el espacio del Epílogo. Para algunos esto será algo parecido a un final; otros verán en él el comienzo de nuevas aventuras y desafíos ¿Por qué en el Epílogo no se describe si los personajes logran o no, su cometido? Tal vez porque la palabra "logro" puede resultar polisémica y lo que buscan los personajes, en lo más profundo de su ser, no es el logro exterior de la "tarea cumplida" sino el hallazgo de un sentido a sus vidas, un sentido interior. Así como la peripecia de los personajes, en una narrativa dramática, encuentra su punto de inflexión, en este libro, donde subyace cierta intención didáctica, la peripecia "logra" estremecer la estructura de los valores de los principales personajes de la obra.

Primera Parte

A Winston Churchill se le atribuye la frase: "Para mejorar hay que cambiar, para ser perfecto hay que cambiar a menudo". En esta Primera Parte se abordarán cambios de todo tipo, organizacionales, de actividad profesional, cambios de negocios, mudanzas de país y cambios culturales, entre otros. Muchos cambios y sobre todo muy frecuentes; aunque lejos de la perfección, y próximos (cercanos) al pionerismo. En la medida en que los personajes principales implementan cambios, en el relato se verifica que, en general, los emprendedores tienden a realizar proyectos que involucran formas y negocios variados y heterogéneos, lo que los convierte necesariamente en algo complejo

También se ponen en evidencia los llamados "cambios no planeados", cuya implementación se viabiliza siempre y cuando se esté atento y se vislumbre su posibilidad emergiendo de las circunstancias de la vida cotidiana ¿Es posible cumplir con los propósitos sin proponérselo? A veces sí es posible, y es vía los "cambios no planeados". La sobrecarga de trabajo que recae en los dueños de organizaciones pequeñas y medianas, muchas veces motiva el propósito de profesionalizar la organización (un cambio planeado). Salir de la organización vendiendo sus activos es también un modo de disminuir la carga de trabajo, hacia un cambio no planeado, que emerge como una posibilidad.

La venta de una empresa, sea total o parcial, involucra todo tipo de análisis económicos, cálculos financieros, contables y tributarios. Pero estos aspectos materiales, que hay que cuidar para que la empresa sea atractiva para el potencial comprador, no son los únicos que requieren cuidado: la estética también es muy importante. Para David Hume "la belleza de las cosas existe en el espíritu del que las contempla". En las organizaciones humanas también es importante contemplar los aspectos estéticos y de armonía que son evidentes pero muchas veces no se "ven".

¿Cómo dirigir negocios familiares a la distancia? Aceptando que habrá que enfrentar más problemas que los habituales y admitiendo que "cuando en la vida ya no hay problemas, es la vida misma la que se convierte en un problema", como sostiene el filósofo Rafael Alvira. En resumen, esta Primera Parte en la que se abordan cambios, planeados y no planeados y problemas resueltos o disueltos, abre paso a una segunda etapa, quizá con menos acción práctica pero en la que se presentan más oportunidades para la reflexión teórica.

Capítulo 1
La entrevista

Sobre el pionerismo y las estrategias empresariales

¿Qué significa ser pionero *(first mover)* en el mundo empresarial?, ¿significa ser un buen estratega? No siempre.

El pionerismo (o ser el primero en algo) en el ámbito empresarial se relaciona con un cambio organizacional; un cambio no planeado, proactivo, en general liderado por los directivos.

En esta sección Sofía es entrevistada para relatar la experiencia de la empresa en la que participa como directiva, junto con su esposo Rafael, y que demostró pionerismo en varias esferas de su actuación. La influencia de la historia personal de los directivos fue decisiva en el momento de introducir cambios innovadores, que tuvieron raíces más profundas que el diseño de una estrategia. Se fundamentaron en los propósitos de cada uno de los directores que, a su manera, repitieron actitudes del pasado, y si esto es presentado como algo positivo o inevitable se produce la búsqueda de la sustentabilidad y de la excelencia.

Aquel lunes de agosto había amanecido demasiado frío y los ventanales del dormitorio estaban completamente empañados. Mientras elegía con qué ropa salir a la calle me preguntaba por qué me habían llamado para hacerme una entrevista sobre nuestra empresa. Justamente el viernes anterior habíamos ganado el premio a la excelencia agropecuaria y Rafael, junto con nuestro director de marketing, habían sido entrevistados por la radio y la televisión; uno de ellos era el que debería haber estado en mi lugar esa mañana.

Cuando le hice ese comentario al periodista que me llamó el sábado, él insistió en que fuera yo, también directiva de la empresa, quien respondiera a sus preguntas. Aparentemente pensaba que por ser mujer y por tener estudios en filosofía, le iba a dar una perspectiva diferente a las respuestas. Resignada, y malhumorada, me dirigí al estudio periodístico.

En verdad, me recibieron muy bien. Después de saludarnos, y de los ineludibles comentarios acerca del clima, comenzó la grabación de la entrevista.

–Buenos días, hoy me acompaña en el estudio la Dra. Sofía, directora y cofundadora de AMK S.A., la empresa que ganó el reconocimiento a la excelencia agropecuaria el viernes pasado. Ella hoy nos contará detalles de la historia de una de las empresas más innovadoras del sector. Buenos días Dra. Sofía.

–Buenos días para ti y para tu audiencia, José, gracias por invitarme –respondí, cumpliendo con el protocolo.

–Tengo entendido que AMK ha innovado en diferentes ámbitos. Fue la primera en sembrar sus campos en siembra directa en la zona, la primera en su provincia en certificarse en las normas de calidad ISO 9901:2000 y la primera (y única) en el país en producir aceite de canola, ¿es verdad? –me preguntó.

–Efectivamente –respondí. –La siembra directa ya existía en nuestro país cuando nosotros comenzamos en nuestra región. Fuimos un ejemplo imitado al poco tiempo.

–Sí, y ahora en nuestro país ya prácticamente nadie más ara el suelo, –comentó el periodista, que parecía entender del tema.

–En cuanto a la certificación de los procesos en normas de calidad, nosotros nos certificamos en todas nuestras unidades de negocios: agricultura, ganadería y producción de aceite de canola. Lamentablemente los productores primarios no siguieron nuestro ejemplo porque entienden que no es necesario, que nos les van a pagar más por los granos o la carne por el hecho de trabajar con calidad, –agregué.

–Si es así, ¿entonces por qué ustedes lo hicieron?, –preguntó José.

Un torbellino de respuestas me vinieron a la mente en ese momento, pero ¿cómo explicar que la experiencia de trabajar con calidad certificada, cuando se lo hace contando con la iniciativa y la colaboración de los integrantes de la organización, construye capital social? Es más, ¿qué entenderá el periodista por capital social?

Opté por una respuesta corta pero que insinuase "la ganancia" con el cambio que se produce en las personas que participan de la experiencia.

–Nosotros teníamos experiencia en la implementación de normas de calidad certificada. Nuestros antecedentes profesionales influyeron en la mirada del negocio agropecuario desde otra perspectiva. Entendimos que la certificación en conformidad con las normas nos permitiría implementar y mantener un sistema de gestión de calidad adecuado, pero fundamentalmente nos ayudaría a organizar los procesos, a capacitar al personal y a armonizar sus procedimientos en la medida en que unos comprenden la labor que otros hacen y que todos contribuyen con el resultado final.

–¿Cuántas empresas del sector se habían certificado en las normas ISO 9001:2000, cuando ustedes lo decidieron hacer?, –indagó José. Y yo imaginé hacia dónde tendía su pregunta.

–En el 2003, cuando decidimos certificarnos, considerando parte del sector agroindustrial a las compañías que actúan como proveedoras indirectas de la producción, como por ejemplo las empresas elaboradoras de fertilizantes y agroquímicos, los fabricantes de maquinarias agrícolas, las compañías de logística y las prestadoras de servicios de seguros o de gestión de riesgos del trabajo, se contaban solamente 31 empresas certificadas, es decir, aproximadamente el 1 % del total. Si se seleccionaban exclusivamente las empresas de producción agropecuaria, como la nuestra, el número se reducía a cuatro en todo el país: Los Grobo Agropecuaria, El Tejar, Grupo La Rendición y Agro Uranga.

–¡Qué pocos, realmente! –exclamó el periodista.

–¿Por qué un sector, que evidenció una capacidad innovadora que le permitió alcanzar altos índices de productividad a nivel mundial, no muestra preocupación en organizarse bajo un patrón de normas de calidad?, –agregó.

–Creo que existen algunos paradigmas malentendidos en torno a esta cuestión. Por ejemplo, que solo las grandes empresas exportadoras deben trabajar bajo un protocolo de calidad y quien produce *commodities* no necesita certificarse, ya que no obtendrá ningún excedente de precio por sus productos certificados. En ese sentido nosotros partimos de la hipótesis de que cualquier organización, independientemente del tamaño o producto y/o servicio que produzca, puede gestionarse bajo normas de calidad, y que la armonización de los procesos convocan a un mayor grado de interacción entre los participantes de la organización, lo que redunda en una acción colectiva que envuelve un mayor compromiso con los propósitos de la organización.

En ese momento recordé nítidamente aquel día 14 de octubre de 2004, cuando se efectuaron los trabajos de Auditoría de Certificación. El auditor destinó un par de horas para recorrer todas las instalaciones de la propiedad y al término de los trabajos no fue encontrada ninguna "No-Conformidad". En el informe en el que el auditor recomendó la certificación destacó nuestros puntos fuertes:

- Estilo de gestión

- Competencia del personal

- Comunicación

- Aspectos de infraestructura y ambiente de trabajo

- Enfoque en la sustentabilidad de negocios

El hecho de haber logrado, en 10 meses, cumplir con el objetivo de certificarnos, sumado a los puntos fuertes de nuestra organización que destacó el auditor, nos hizo sentir orgullo. Así corroboramos que en la práctica de la gestión empresarial muchas veces es necesario, derribar prejuicios construidos por modelos mentales que actúan como prisiones.

La voz del periodista me trajo de vuelta a la realidad. –¿Cómo surgió la idea de producir aceite de canola?

–La exitosa unidad de negocios de aceite de canola surgió del fracaso de otra unidad de negocios, la helicicultura (cría de caracoles).

–Ahh… ¡qué interesante! Entonces, como dice una letra de tango: "contame tu fracaso", –exclamó José, mientras sonreía.

–Luego de la certificación en las normas ISO 9001:2000, a finales de 2004, la unidad de helicicultura se perfilaba productiva y con buenas posibilidades de crecimiento. Habíamos conseguido un comprador-importador directo de Barcelona, que nos aseguraba un precio muy superior al que se pagaba en el mercado local; la única condición era enviar los caracoles terminados, es decir, cumpliendo una especificación de tamaño, y mantener una regularidad en el abastecimiento. En ese momento la mayor preocupación era terminar los caracoles, lo que significaba alimentarlos lo suficiente para que se desarrollaran. Consultamos con el ingeniero agrónomo qué podíamos sembrar en los criaderos y nos sugirió la colza, porque es un cultivo que crece bien, sin demasiadas exigencias y, además, tiene muchas flores, hecho que beneficiaba a la apicultura.

Por casualidad descubrimos que una variedad de la colza, llamada canola, es apta para consumo humano y que sus semillas podían ser vendidas en el mercado local para luego exportarla a los industrializadores de aceite.

–Es verdad. Hasta que ustedes lanzaron el aceite de canola en el país muy pocos conocían sobre su existencia. Me dijeron que se consume mucho en Europa Oriental, –¿es cierto?

–Sí, es cierto. En nuestro país no se conocía este tipo de aceite, de modo que lo investigamos un poco mejor y descubrimos que tiene una excelente composición nutritiva, superior a la del aceite de oliva.

–¿Y qué pasó con los caracoles?, –insistió José con curiosidad.

–Tuvimos dos problemas. A pesar de que los alimentábamos con canola durante el invierno, no conseguimos terminarlos, es decir, que lograran crecer hasta adquirir el tamaño exigido por los compradores del exterior. Además, por cuestiones que aún desconocemos dejaron de reproducirse. De modo que cerramos esa unidad de negocios y continuamos investigando el proceso de transformación de la canola en aceite. Descubrimos que se podía obtener una versión similar al aceite de oliva extra virgen, prensando la semilla en frío.

–Y el sabor, ¿también es similar?

–No, en absoluto, el aceite de canola tiene un sabor más suave, pero muy peculiar.

Mientras le respondía a José recordé las discusiones que teníamos con Rafael. A mi modo de ver, el único problema que se presentaba en aquel momento era que el proyecto de plantar canola y fabricar aceite, ignoraba algo fundamental: los consumidores. ¿Le gustará al consumidor argentino el sabor del aceite de canola que era prácticamente desconocido en el mercado? Esa pregunta, que cualquier directivo *marketing oriented* se plantearía, con el entusiasmo que tenía Rafael por instalar una fábrica en el medio del campo, quedaba opacada hasta su desconsideración.

–¿Hicieron algún estudio de mercado para testear el gusto del consumidor?

–Sí. Contratamos a una empresa especializada, cuyo dueño y fundador era un muy buen amigo nuestro. Se hicieron encuestas y cuatro *focus group*. Los resultados corroboraron lo que nuestro amigo especialista en marketing nos había adelantado: "el aceite mantiene un vínculo materno-filial con el consumidor, que consume el mismo aceite que consumía su mamá".

–Ese resultado no le vaticinaba mucho éxito al producto, ya que era nuevo en el mercado y no se lo podía relacionar con nada materno, –dedujo sabiamente José.

–Sí y, además, muchas personas que lo probaron dijeron que no les agradaba su sabor. En síntesis, nos aconsejaron que no lo lanzáramos porque seguramente requeriría una inversión muy alta en publicidad para instalarlo como producto sustituto del aceite de oliva.

–Y entonces, ¿cómo es que decidieron lanzarlo igual?

–Bueno, justamente, en esta decisión de continuar o no con el proyecto, es donde a mi modo de ver, se diferencia el emprendedor del empresario. El emprendedor tiende a seguir adelante, se arriesga, sigue su instinto, confía en que obtendrá rentabilidad a pesar de que la racionalidad económica indique lo contrario. Una vez que ha construido una visión, lo único que le preocupa es hacerla realidad. El empresario tal vez pondera más las razones económicas que le presentan y las proyecciones, tiende a ser más cauto. En este caso prevaleció el "emprendedurismo" de Rafael.

–De modo que decidieron construir la fábrica…

–Sí. El proceso de construcción de la planta fue rápido, en menos de un año estaba en funcionamiento. La adaptación del personal –algunos de los cuales trabajaban en el campo y en la fábrica– a esta nueva fase también fue armoniosa. En varias oportunidades pensé que esta plasticidad estructural se facilitó porque las personas ya provenían de un proceso de certificación en calidad que les permitió comprender mejor la organización y sus procesos, de modo que la verticalización fue aceptada como una nueva unidad de negocios que se agregaba a las existentes.

–… y ahora son los únicos fabricantes del producto ¿Cómo se siente uno siendo directivo de un monopolio?, –me indagó José con un tono irónico y provocador.

–En realidad lo que hacemos es "navegar en un océano azul", como dice Rafael citando a Chan Kim. Innovamos y, por ahora, somos los únicos en el mercado. Pero eso no significa que le ponemos al aceite el precio que queremos, si a eso te refieres cuando mencionas lo del monopolio. Tenemos como restricción el precio del aceite de oliva extra virgen. El desafío es mantener el precio de nuestro producto al menos un 20 % por debajo. Como directivo no es fácil lograr este objetivo, –le respondí con un tono didáctico.

–Hablemos del futuro, ¿cómo será el futuro consumo del aceite de canola en nuestro país, más allá de la cantidad de empresas que lo produzcan?

–Creo que el consumo del aceite de canola tiende a perdurar y a aumentar en el futuro porque son cada vez más las personas que cuidan su salud y que les importa consumir productos saludables, –auguré.

–En ese caso supongo que las condiciones macroeconómicas no afectan los planes y las proyecciones futuras, –arriesgó José.

–Al contrario, nos afectan, y mucho. Imagina que cambie la política de retenciones al trigo y que los productores encuentren más rentable plantar trigo que canola. Los costos aumentarían y, al tener tope máximo para el precio de venta al público, el negocio podría tornarse inviable. También, si el poder adquisitivo de la población se deteriora sensiblemente, pasarían a sustituir el consumo del aceite de canola por otro aceite refinado, de menor calidad, pero de menor precio.

–O sea que, a pesar de ser los únicos fabricantes, no están a salvo de las amenazas de la racionalidad económica de los mercados, –concluyó el periodista.

–No, pero vivimos "la amenaza", como la denominas, sin estrés. Somos una organización integrada por pocas personas con mucha flexibilidad mental para adaptarnos a los cambios que se hagan necesarios. No perseguimos la maximización de las ganancias *siempre*. Si lo hiciéramos en un momento en que se presentan pérdidas, cerraríamos la operación. Tenemos, eso sí, ánimo de lucro que nos motiva a continuar y absorber pérdidas presentes visualizando ganancias futuras, –expliqué.

–En un mundo materialista como el que vivimos, da gusto escuchar estas palabras.

–Gracias José, lo más importante es poner en práctica las palabras del discurso y en eso estamos empeñados, –finalicé.

José cerró la entrevista destacando, para sus oyentes, la importancia de ser innovador, de anticiparse al futuro, de perseguir incesantemente los objetivos que uno se propone. Todo esto, en aras del suceso empresarial.

Mientras regresaba a la oficina me pregunté si los factores que mencionó José, habían sido los responsables de lo que él observaba como un caso de éxito empresarial. AMK, como agronegocio, ¿fue el resultado de planes innovadores perseguidos intensamente, como destacaba José? Sabía que no fue exactamente así. Entonces recordé cómo toda esta experiencia empresarial había comenzado en otra mañana, pero no invernal, sino primaveral, 15 años atrás, café mediante, en la confitería del hotel Alvear en Buenos Aires.

Capítulo 2
Un reencuentro, muchos recuerdos

Las casualidades que se tornan causalidades

Cómo un encuentro casual con un antiguo colega de Sofía marca un cambio de rumbo en su vida familiar y profesional. La casualidad que se torna causalidad para un cambio estructural planeado.

¿La misma oportunidad, es la misma en circunstancias diferentes?, ¿cómo hacer para distinguir una oportunidad y promover un cambio estructural en el medio de circunstancias coyunturales que la ocultan?

Habían pasado 15 años desde la mudanza Buenos Aires - San Pablo, pero siempre, al menos dos veces por año, veníamos a nuestra ciudad para visitar a nuestros padres y amigos.

En uno de esos viajes conseguí localizar a Diego López Escaray, mi colega de otros tiempos de la Facultad, con quien después continuamos dando clases como ayudantes en la materia Administración de la Producción. Era una tarde primaveral casi perfecta y quedamos en encontrarnos en la confitería del tradicional hotel Alvear para tomar un café.

Llegué unos minutos antes, estaba de muy buen humor, acaso en sintonía con la belleza que genera la luz de un día así, y al rato apareció Diego corriendo y con aires de quien llega después de un largo viaje.

–¡Hola Diego, qué alegría verte después de tanto tiempo!, –le dije dándole un fuerte abrazo a ese corpulento amigo ex jugador de rugby.

–¡Qué bueno que pudimos encontrarnos esta vez!, vengo directo del campo, por eso estoy un poco atrasado, –me explicó.

–Tenemos mucho para contarnos. Pero quiero saber qué anduviste haciendo después de que te recibiste y te fuiste a Brasil.

–Ufff… muchísimas cosas. Voy a llevar mi capacidad de síntesis a su máxima expresión para poder contarte en diez minutos lo que pasó en diez años, –le respondí sonriendo.

–Como ya te había contado me fui para trabajar en las oficinas de San Pablo de un grupo empresarial operadores de turismo.

–Sí, me acuerdo, –respondió. En aquella época nos reclutaban en la Facultad. Fue el titular de la materia en la que éramos ayudantes quien nos ofreció trabajo de auditores en el grupo turístico donde él era director. Por lo que recuerdo vos tenías unos 22 años cuando quedó vacante el cargo de gerente administrativo en la filial de San Pablo. Eras una caradura. Joven, sin ninguna experiencia, sin saber el idioma portugués y te postulaste para el cargo, –comentó Diego riendo con su particular risa contagiosa.

–Sí, pero no tenían a nadie mejor que estuviera dispuesto a ir. Recuerdo que el profesor que me reclutó, se sorprendió cuando le pedí audiencia y le expresé mi interés en ir a Brasil. No se animó a presentarme como candidata. Me mandó a hacer una auditoría y a presentarme yo sola al director de Brasil. Lo convencí con un argumento simple: "si no tiene nada mejor póngame a prueba, no tiene nada que perder", le dije.

–Bueno pero veo que te fue muy bien, aprendiste rápido, y seguro que fue una experiencia riquísima, –comentó Diego sonriendo.

–Sí, comenzar la carrera con un cargo de responsabilidad como ese fue algo grande. Nosotros cuando estudiábamos no trabajábamos, de modo que no teníamos ninguna experiencia administrativa. Yo no sabía ni hacer un cheque, –recordé riendo.

–Yo tenía un poco más de experiencia porque trabajaba en el verano, ¿y qué hiciste después, cuando saliste del grupo turístico?

–Me casé, tuve dos hijas y me dediqué a los negocios junto con mi marido. Primero tuvimos una empresa que fabricaba productos plásticos, pero no anduvo bien. Cuando comencé a buscar trabajo nuevamente surgió la posibilidad de comprar una empresa de la industria química. Fabricaban productos químicos para uso industrial; la dueña era la tercera generación de directivos de la empresa, y estaba al borde de la desaparición.

–Bueno eso es muy común. La primera generación abre los negocios, la segunda los explota y la tercera los quiebra, –comentó Diego que tenía mucha experiencia en negocios familiares.

–Ahora la empresa está muy bien. Somos los terceros en el mercado, después de dos multinacionales que ocupan el primero y el segundo lugares en volumen de ventas. En términos de cantidad de clientes y de empleados somos la mayor empresa en ese mercado. Estamos muy orgullosos de los resultados que alcanzamos, pero te confieso que estoy un poco cansada. Trabajamos mucho. Durante la semana pasamos 12 horas al día en la oficina, a veces ni salimos a almorzar y los fines de semana, es común que me tenga que llevar trabajo a casa.

–Para mí eso no es vida, –comentó muy serio. –Yo también trabajo mucho, pero los fines de semana son sagrados, se los dedico a mi familia. Si no lo hiciera mi mujer y mis cinco hijos me matarían, –agregó riendo.

Mientras escuchaba a Diego, pensaba en lo que sucede cuando después de mucho tiempo reencontramos a alguien con quien compartimos cotidianamente otra etapa de nuestra vida: la complicidad se mantiene casi por inercia, pero en lugar de estar habitada por experiencias comunes, se abre una especie de vacío que hay que llenar con preguntas.

–Por favor, cuéntame de tu vida, ¿continúas con tus aventuras en el campo? Recuerdo que una vez te fuiste de vacaciones al campo de alguien de tu familia en Misiones y quisiste probar un Ala Delta que te habías comprado en EE. UU. Me acuerdo de que te tenían atado a una camioneta, pero se levantó viento muy fuerte y no te conseguían bajar. ¡Se subieron todos los peones que pudieron en la camioneta para sujetarla! – ambos nos reímos mucho recordando esa experiencia.

–Cuando era más joven me gustaban los deportes extremos. ¿Sabías que soy buzo profesional?, –me preguntó.

–No, no sabía.

–Ese deporte casi me cuesta la vida. Resulta que durante la Guerra de las Malvinas, la Marina precisaba de buzos para desmontar minas submarinas. En esa época había muy pocos en la Argentina, así que me llamaron, me reclutaron y me enviaron a entrenar desarmando minas en el Río de la Plata. Luego me iban a enviar a las Malvinas, pero me salvé porque finalizó la Guerra.

–Uff… me imagino los momentos de tensión que habrás vivido. Seguro que cuando terminó la Guerra te fuiste bien lejos de la ciudad, a trabajar al campo.

–Sí, porque continúo administrando campos de mi familia, pero ahora me compré algunas hectáreas para mí solo. Estuve investigando y descubrí tierras muy fértiles en zonas marginales, al norte de la provincia de Santa Fe en el límite con la provincia de Santiago del Estero. Esas tierras nunca fueron destinadas a la agricultura, tienen un rendimiento fabuloso, por su fertilidad, y las puedes comprar muy baratas porque sus dueños no saben del potencial que tienen, –explicó.

–¿Cuánto es "muy barato"?, –pregunté.

–En la zona llamada núcleo, de la Pampa Húmeda más fértil del país, una hectárea te cuesta alrededor de 10.000 dólares estadounidenses. En la zona más alejada donde yo compré pagué 300 dólares la hectárea y el rendimiento por hectárea que obtengo es similar. Calcula que, de ese modo, la rentabilidad sobre el capital invertido, a pesar de los gastos en fletes, es mucho mayor, –explicó con tono serio, de contador profesional.

–Parece un buen negocio, –respondí. –Pero yo no entiendo nada del sector agropecuario. En mi vida pisé una estancia, y de lejos no consigo diferenciar un toro de una vaca.

–Perfecto, procederé a explicarte entonces, –comentó riendo. –Como yo también tengo poder de síntesis, te voy a resumir en 11 minutos, 110 años de historia del campo en la Argentina, así que pidamos otro café.

–¡110 años de historia!, –exclamé, sorprendida.

–Sí, porque se puede considerar que fue en la década de 1880 cuando se "plantaron las semillas" que luego se convirtieron en las "raíces" de la actividad agropecuaria en el país.

–Hubo dos grandes momentos en esa historia, –continuó Diego con cierta notable solemnidad. El **primer momento** se puede situar a partir de 1880, cuando los campos se delimitaron con el alambrado, se instalaron molinos y aguadas, se desarrolló la genética del ganado vacuno y se expandió la actividad agrícola mecanizada con sembradoras y cosechadoras a vapor. Esos cambios, sumados a la política de inmigración sin restricciones que los gobiernos promovieron en el país, atrajeron a grandes contingentes de inmigrantes, principalmente de origen español e italiano, dando espacio al surgimiento de la figura de los "chacareros".

Un siglo después de producirse el primer gran cambio de fisonomía, en 1980, se sentaron las bases para la **segunda transformación**, que cambió el modelo de producción y a sus actores. Hasta ese momento el esquema de producción se armaba sobre la base de la roturación de la tierra en forma convencional (arado, siembra y cosecha) con poco uso de fertilizantes, biocidas y herbicidas, la preocupación se centraba en producir más.

–¿Y qué cambió en ese momento?, –indagué curiosa.

–El cambio fundamental fue el manejo de tierra con labranza mínima o siembra directa, que evita la roturación del suelo.

–Siembra directa, –repetí... nunca había escuchado hablar de ese tema y no me imagino la posibilidad de sembrar algo sin roturar la tierra para introducir la semilla.

–Terminé de escribir un libro sobre el tema. Este año lo editaremos. Te lo voy a regalar, –me prometió Diego.

–Hubo también otros cambios importantes,–continuó mi amigo. –Como la introducción de semillas genéticamente modificadas, la difusión del uso de fertilizantes y fitosanitarios, así como la posibilidad de almacenar la producción en la unidad productiva con bajos costos.

–Veo que te transformaste en un experto en agronegocios, ¿también te dedicas a la ganadería?

–Sí, las nuevas tecnologías de proceso para el manejo del ganado de corte, como por ejemplo el engorde a corral o *feed lot*, y la renovación de las instalaciones de los tambos, cambiaron las formas de producción de carne y leche. Yo básicamente produzco soja, maíz, y en los campos no aptos para agricultura tengo ganado para corte. Tienes que venir a visitarme en alguno de tus viajes, –me invitó.

–No está mal la idea. Creo que te dedicas a producir algo más interesante, con más vida que los productos químicos que nosotros fabricamos. Cuéntame algo más sobre la soja. Pensé que solo se plantaba en Oriente. No sabía que se cultivaba en la Argentina.

–Efectivamente, hasta la década de 1960 el cultivo de la soja era inexistente. La mayor difusión se produjo en las décadas de 1980 y 1990, como complemento del trigo (cultivo tradicional de invierno) o como único cultivo de verano principalmente en las "tierras marginales", es decir, las que no tienen una buena aptitud agrícola, o carecen de clima apropiado para otro cultivo alternativo.

–La soja, –continuó explicando Diego, –viene creciendo en forma acelerada. En un período de 30 años se incorporaron más de 10 millones de hectáreas al sistema productivo y la productividad del cultivo pasó de 1.624 kg por hectárea en la campaña 1970-1971, a 2.585 kg en la actualidad, lo que implicó un aumento de la productividad de aproximadamente el 60 %.

–Parece que el sector agropecuario argentino está en plena transformación, –comenté pensativa.

–Sí, efectivamente. La segunda gran transformación en las décadas de 1980 y 1990, que te comentaba, incluyó tres grandes aspectos: 1) La escala de las explotaciones, 2) el uso de tecnología y 3) el perfil del productor.

–¿Por qué afectó la escala de las explotaciones?, ¿se concentró la propiedad de las tierras en pocas manos?, –indagué con curiosidad.

–No, lo que ocurrió es que aumentó el arrendamiento de las tierras, y cuando te menciono que aumentó la escala de las explotaciones, me refiero a "explotación" como las unidades de producción manejadas bajo una misma dirección, –respondió Diego.

–Entiendo. Es por eso que dices que también se modificó el "perfil" del productor. Supongo que se profesionalizó el manejo de las propiedades agropecuarias si aumentó la escala de las explotaciones. No debe ser fácil manejar miles de hectáreas estando solo.

–Justamente es eso lo que ocurrió. Aparecieron nuevos actores que producen en tierras de terceros y que, de la mano de la nueva tecnología aplicada, despliegan una capacidad empresarial innovadora.

–¡Qué interesante sería estudiar estas nuevas formas de organización empresarial!, –comenté, sin imaginar que algunos años más tarde dedicaría dos años de mi vida a investigar el tema que fue motivo de mi tesis de Maestría.

–Cuando te refieres a la nueva tecnología aplicada supongo que es a las semillas genéticamente modificadas y a la siembra directa, –agregué.

–Exactamente. Veo que te interesa el tema y aprendes rápido ¿Por qué no inviertes en un campito aquí en la Argentina? Justamente ahora es un momento muy oportuno porque cayeron los precios de los *commodities* y los últimos años fueron malos desde el punto de vista climático. Es el momento de invertir porque hay oferta de campos en el mercado.

–Bueno, no sé realmente hasta dónde podrá llegar mi interés en los agronegocios. Tú sabes que mi negocio principal es la industria química y por ahora pienso continuar viviendo en Brasil.

–Eso no impide que hagas una inversión inmobiliaria aquí. A mediano plazo esa inversión se valorizará mucho, o no me llamo Diego López Escaray. Además, no precisas dedicarle tiempo, puedes arrendar la tierra y te desentiendes del tema.

–Sí, ya veo a lo que apuntas, a la especulación. A sentarse y esperar que los precios relativos de la tierra suban, –dije, ponderando la posibilidad y consultando mi reloj. –Uyyy… ¡qué tarde que es! Me tengo que ir querido amigo, gracias por todo lo que me enseñaste.

–No hay por qué, pero antes de irte permíteme que te haga un cuadro con un resumen de los cambios en el sector. Así los tienes presentes, si algún día decides invertir en la Argentina.

Sin más palabras abrió su carpeta, sacó una hoja en blanco y dibujó una tabla con tres columnas y cuatro filas, en la que resumió los 110 años aproximados de historia del sector agropecuario argentino. Cuando vi el resultado me acordé de nuestra época en la que éramos docentes auxiliares en la Facultad. Pensé que Diego llevaba en el alma su vocación docente.

—¡Qué bueno Diego, está clarísimo! Parece que continúas con la vena docente, —comenté en voz alta.

—Sí, continúo dando clases de administración agropecuaria. Ahora que estoy más viejo ya llegué a profesor titular, —dijo riéndose.

—Dejemos de lado los comentarios sobre la edad. Voy a pensar en tu propuesta, los cambios de rubro de actividad siempre tienen aires rejuvenecedores.

Nos despedimos con la promesa de continuar en contacto y no dejar pasar tanto tiempo sin vernos. Regresé al hotel y me apresuré para arreglar el equipaje porque esa noche regresábamos a San Pablo. La idea de Diego continuó por mucho tiempo dando vueltas en mi mente. No enfocaba la inversión en tierras como una especulación inmobiliaria, sino más bien como una posibilidad de cambio, una apuesta a un futuro diferente.

Capítulo 3
Un cambio de rumbo

¿Qué pasa con los cambios planeados cuando no se cumplen los planes?

Si todo va bien, ¿por qué cambiar? Cuando todo va bien con la organización y se cumplen sus objetivos (es eficaz) pero no va bien con los directivos puesto que no se cumplen sus propósitos… hay que cambiar.

A pesar de sus esfuerzos Rafael y Sofía no consiguen profesionalizar la organización. No aceptar que hay otras formas de lograr el propósito personal, beneficiando a la organización de un modo colectivo, significa *resignarse* a continuar dirigiéndola. Aceptar que se puede encontrar otra solución significa *ambicionar* un cambio estructural profundo: salir de la organización como directivos y como dueños.

Regresamos a San Pablo y lo que quedaba del año 1995 transcurrió con el ritmo agotador de trabajo al que veníamos acostumbrándonos. Muchos años después, recordando esos momentos, comprendí que estábamos en plena crisis de crecimiento. La empresa, que ese año cumplía 15 años de vida, había tenido un crecimiento lento en la primera década. El gran salto cuantitativo de ventas se dio entre 1993 y 1995.

A fines de 1992 reemplazamos al gerente nacional de ventas; el nuevo profesional que ingresó, un psicólogo conocedor de la inteligencia emocional y las técnicas de psicodrama –que estaban en boga en aquel momento– produjo grandes y positivos cambios en la compañía. Su ingreso coincidió con la mudanza de la empresa a un edificio de siete pisos, tan grande que superaba las necesidades de espacio que teníamos en ese momento.

Todos esos cambios hicieron que comenzáramos a "pensar en grande", a creer que ciertamente podíamos dar el salto y crecer exponencialmente. Así fue hasta que, por falta de entendimiento con Rafael, el flamante gerente se fue de la empresa en abril de 1995 y no pudimos sustituirlo.

Habíamos armado un esquema sucesorio para que la organización pudiera ser gobernada por profesionales. Contratamos a un gerente administrativo y a una gerente de recursos humanos, para sustituirme, un gerente de nuevas tecnologías para sustituir a Rafael, profesionalizamos la fábrica y creamos un departamento de marketing. La idea era retirarnos, en aproximadamente dos años, de las tareas de gestión y el día a día.

Con ese proyecto en mente fuimos a pasar las vacaciones del verano de 1996 con nuestras hijas a Túnez. Fue un cambio de aire necesario y una experiencia que nos permitió volver con energía renovada, pero lamentablemente no duró mucho tiempo.

–Querido, no sé cómo habrá comenzado tu semana, pero la mía no puede haber comenzado peor, –dije desplomándome en el asiento para visitantes de la sala de Rafael. Para desconectarnos de la realidad estresante necesitamos viajar a tierras lejanas y pasar un buen tiempo en ellas. Sin embargo, en un solo día es posible volver a los picos de tensión habitual.

–¿Qué pasó?, –me preguntó Rafael alarmado.

–Sería más fácil responder lo que no pasó, –dije enojada y comencé a enumerar la lista de los problemas simultáneos de mi sector.

–En la administración descubrieron que el cadete fingió un asalto cuando salía del banco, pero en realidad él se quedó con el dinero. Ahora está junto con el gerente administrativo, en la policía, y lo están interrogando.

–El tesorero renunció y se fue a su casa porque se sintió ofendido por el gerente administrativo que, según él, lo acusó de cómplice sin ninguna prueba.

–Me llamaron de la sede de nuestra empresa en Cotia y me dijeron que se presentó una inspectora de rentas solicitando una lista interminable de documentos. Parece que nos están investigando porque alguien usó una factura falsa con nuestro logo y nuestros datos. Como no había nadie para atenderla volverá mañana y tendré que llevar lo que pide.

–Tu gerente regional de la zona norte me pidió una entrevista hoy por la mañana muy temprano, antes de todo este caos. Me dijo que escuchó un rumor acerca de que hay un grupo de vendedores que se van a trabajar a la empresa competidora, esa que ya nos robó tres vendedores en el sur. Le pregunté por qué no vio este tema con la gerente de recursos humanos y me respondió que la gente está pensando irse a trabajar con el competidor porque no la soportan.

–También hoy se rompieron dos CPU, y se perdió el trabajo de ayer y hoy porque no había *back-up*, pero creo que eso es un mal menor.

–¡Buen comienzo de la semana! –exclamó Rafael sin alterarse demasiado.

–Bueno, vamos abordar cada problema en forma separada, –agregó.

Me sentí una especie de "Jack el destripador"; sin embargo, seguí su propuesta. Transcurrieron días, semanas y meses sin aliviar las tensiones ni la carga de trabajo; al contrario, los problemas aumentaron. Desde el punto de vista económico-financiero la empresa estaba muy bien, pero fallaban los aspectos humanos.

La gerente de recursos humanos –una psicóloga con experiencia en el cargo– estaba pasando por problemas personales, con su pareja y su hijo. Esta situación repercutía en su trabajo y no supo contener a un grupo de siete ingenieros de ventas que, simultáneamente, renunciaron y se fueron a trabajar con la competencia.

El gerente general, un hombre de 55 años, también con una historia profesional impecable, carecía de la flexibilidad necesaria para adaptarse a la vorágine del crecimiento. La información no era confiable, había errores en los cálculos de las comisiones de ventas todos los meses, y esto ocasionaba roces y reclamos del área comercial. Tampoco demostró tener tacto para atender a los inspectores de los diferentes órganos gubernamentales que, bajo el imperio de la Ley de Murphy, aparecieron todos simultáneamente.

Tuve que hacerme cargo de diseñar con una empresa de consultoría un nuevo sistema de información. Rafael desarrolló una nueva línea de productos para mantenimiento industrial y yo lancé un programa de ventas por medio de franquicias. Un sistema innovador que permitía a los ingenieros de ventas agregar productos y aumentar sus ingresos por comisiones. A todas estas actividades se sumó la atención a los inspectores de los órganos gubernamentales y las tareas de mantenimiento de la certificación en las normas ISO 9001.

Se acercaba la mitad del primer año en el que habíamos proyectado delegar la gestión en profesionales y, totalmente al contrario de lo planeado, estábamos cada vez más tapados de trabajo. Una mañana, mientras estábamos atrapados en el infernal tránsito matutino de San Pablo, camino a la oficina, le dije a Rafael, –¿y si vendiéramos la empresa?

–¿Cómo?, –respondió algo desconcertado.

–Vender, sí, vender. Salir de la organización, que otros gobiernen la empresa; se está haciendo evidente que nosotros somos incapaces de delegar y lograr que otros hagan nuestro trabajo.

–Hummm… puede ser, no es mala idea. Conocí una persona cuando estudié en Nueva York, que trabaja en un banco estadounidense de gran envergadura. Mantengo contactos esporádicos con él, podría consultarlo.

–Sí, creo que deberíamos intentarlo, –dije con cierta esperanza de aliviar nuestra carga de responsabilidades.

Rafael se puso en contacto con Andrew que aún trabajaba en un banco estadounidense de primera línea. Viajaba a Brasil periódicamente y acordamos una reunión en nuestras oficinas. Nos comentó que el banco tenía un departamento dedicado a fusiones y adquisiciones. Nos pidió una serie de informaciones para armar un *book* que circularía entre los potenciales compradores.

En mayo de ese mismo año decidí viajar a la Argentina para interiorizarme un poco más al respecto de lo que Diego me había comentado sobre los negocios agropecuarios. Así fue como, luego de algunos intercambios de correos y de llamados telefónicos, viajé con mi hija menor, que tenía 13 años y mostraba interés por el campo. Siguiendo los consejos de Diego buscábamos tierras en zonas que él llamaba marginales, es decir, fuera del núcleo de la región pampeana donde, en aquel momento, se pedían alrededor de US$10.000 por hectárea. Viajamos a Entre Ríos y a Santiago del Estero buscando tierras donde se pagaba entre 500 y 1.000 dólares la hectárea, dependiendo si la tierra era apta para agricultura o no, es decir, que solo tenía aptitud para la ganadería. Cuando regresamos Rafael nos fue a buscar al aeropuerto.

–¿Y cómo fue la excursión por los campos argentinos?, –nos preguntó.

– Muy buena, conocimos un montón de lugares, – respondió Gabi. El cuñado de Diego nos llevó primero a Entre Ríos, cerca de Buenos

Aires. El fin de semana fuimos con Diego y tres de sus hijos al campo que él tiene en Santiago del Estero. Ese viaje fue más largo, fueron como 10 horas que anduvimos en la camioneta.

–¿Tan lejos es?, ¿por qué no fueron en avión, entonces?, –dijo Rafael.

–Porque no hay vuelos regulares, –le respondí. –Los vuelos regulares llegan a las capitales de las provincias, y el campo de Diego está en promedio a 400 km equidistante de las tres ciudades más importantes que lo rodean. Antiguamente él viajaba en su propia avioneta. Ahora dejó de hacerlo.

–Conociéndolo, supongo que debe haber provocado un susto a alguien piloteando su avión. –Seguro que su esposa le prohibió que continuara volando, –comentó Rafael.

–Sí, es muy probable. El campo que él tiene es muy grande, con aproximadamente 4.000 hectáreas. La tierra está barata aún, a pesar de que los precios están en alza. Lo único que me parece un poco difícil, es el acceso. Me parece que Entre Ríos es más conveniente para nosotros.

–Sí, sí, –dijo Gabi con mucho entusiasmo. –Compremos un campo allí, hay muchos animalitos, vi un ñandú y un peludo y hay otros animales que no conozco y muchos loritos.

–Bueno, –dijo Rafael. –¿Qué tal si en las vacaciones de invierno viajamos todos a recorrer los campos? Podemos ir en auto, paseamos por las playas del sur de Brasil, vamos a Entre Ríos y después a Buenos Aires a visitar a los abuelos.

La idea de Rafael fue muy bien aceptada por todos y resolvió el problema anual de qué hacer durante las vacaciones de invierno, que en Brasil se prolongan durante todo el mes de julio. Intensifiqué los contactos con Diego y le pedí que se concentrara en buscar propiedades en la provincia de Entre Ríos.

Durante el viaje visitamos varios campos en la zona norte y

centro de la provincia. Todos presentaban algún inconveniente de localización, calidad de la tierra o precio por hectárea. Al sur, más próximo a Buenos Aires, hicimos una parada en Gualeguaychú, una ciudad famosa por los festejos de Carnaval. Recorrimos un par de campos en los alrededores de la ciudad y volvimos a visitar la estancia Santa María.

Nos pareció que era la más apropiada en términos de localización y aptitud agrícola. Está localizada sobre la Ruta que va a Brasil y que, según Diego, se convertiría en breve en una autopista. Hicimos una oferta de compra en un restaurante en el que paran los ómnibus de larga distancia y seguimos viaje de regreso para Brasil.

Fue todo muy rápido; fue una decisión que tomamos sin detenernos demasiado para pensar en las consecuencias que podía tener. En San Pablo nos volvimos a sumergir en la vorágine de los problemas cotidianos y cuando nos comunicaron que la oferta había sido aceptada, contratamos un abogado para que revisara la documentación del inmueble y nos desentendimos de la cuestión.

–Estuve conversando con Diego y me dio una idea muy buena para pagar el campo que compramos, –le comenté a Rafael.

–Podemos depositar el dinero en un banco de primera línea, como el que trabaja tu amigo Andrew y el banco nos presta una cantidad igual, tomando como garantía el valor que depositamos. Ese dinero luego se gira a la Argentina y la legislación permite que luego se deduzcan los intereses por el servicio de la deuda y, en un futuro, si la explotación del campo es rentable, se pueden girar las ganancias al exterior como pago de la deuda, –continué.

–De estas cuestiones contables y financieras ocúpate tú, porque ya sabes que son cuestiones que a mí no me atraen tanto, –respondió Rafael.

– De acuerdo, voy a estructurar toda la operación, y calculo que a fines de octubre tendremos que viajar para firmar la escritura y tomar posesión de la propiedad.

Los tres meses que transcurrieron entre nuestra oferta y la concreción de la compra de la estancia estuvieron cargados de papeles para revisar, contratos para firmar, planes de producción y planos de reforma de la casa principal que estaba muy abandonada. Diego, junto con su cuñado veterinario, se harían cargo de la administración del campo, y su esposa, arquitecta, se encargaría de dirigir el proyecto de reforma del chalé, para convertirlo en algo habitable.

El 29 de octubre embarcamos, una vez más, con destino a Buenos Aires. Fuimos a las oficinas de Diego para revisar los planes de trabajo del campo y coordinar la firma de la escritura.

–Te cuento que la parte vendedora del campo es un poco complicada, –me alertó Diego.

–¿Por qué?, ¿qué problemas tienen?, –le pregunté.

–Es una familia numerosa. Ese campo son las últimas 1.100 hectáreas de una propiedad mucho mayor que se dividió entre hermanos. El dueño de la parte que vamos a comprar es casado y tiene cuatro hijas casadas, –explicó Diego.

–Hasta ahí no veo ningún problema, –dije. –Si el campo está a nombre de los padres y de las hijas, habrá más personas para firmar, eso es todo.

–No, no es todo, –insistió mi amigo; –parece que el padre es jugador compulsivo y tiene muchas deudas de juego.

–Continúo sin entender, ¿qué tienen que ver con nosotros las deudas del antiguo dueño del campo?, –volví a indagar.

–El problema es que quieren recibir dinero en efectivo para repartírselo en el mismo momento en que firman la escritura. No quieren recibir una transferencia bancaria y ni su esposa ni sus hijas quieren que ese hombre ponga un dedo encima del dinero. Por eso van a estar todos presentes, para convencerlo de que firme y resguardar su parte, para que no se la juegue.

–Querido amigo, lo que me dices es una locura, ¿estamos hablando de pagar un millón doscientos mil dólares en efectivo, en billetes de 100 dólares?, –le respondí espantada con la noticia.

–Además, tenemos que firmar en la ciudad de Paraná que está a 500 kilómetros de Buenos Aires, ¿cómo vamos a sacar el dinero del banco y llevarlo hasta allí, sin exponernos a que nos masacren en el camino para robarnos?

No podía salir del asombro. Nosotros nos habíamos acostumbrado a vivir en un país donde prácticamente no se usaba papel moneda. La mayoría de las transacciones eran bancarias, se hacían cheques hasta en la feria para pagar las verduras. Lo que pedían era muy irracional… y arriesgado.

–Ya me avisaron que si no es así no se hace la operación. Vamos a tener que enviar el dinero por avión controlado por satélite, contratar seguros contra robo y cerrar la sucursal del banco con el que hagamos la operación porque van a querer contar el dinero y en Entre Ríos no hay máquinas, se cuenta manualmente, – avisó Diego.

–¡Dios mío!, –exclamé; –en mi vida viví algo siquiera parecido. Bueno, manos a la obra y armemos el circo, que payasos no nos van a faltar…

Felizmente salió todo bien y pudimos concluir la operación de compra-venta. Terminamos de organizar los planes que propuso Diego, dejamos a su cuñado como encargado y administrador del campo, y a su esposa a cargo de implementar el proyecto de adecuación del chalé existente a algo parecido a una casa de campo. El plano era muy sencillo: una habitación para nosotros con baño privado, una habitación para cada una de nuestras hijas, una sala, un comedor, un escritorio con lavabo y la cocina. Lo más lindo del chalé era la galería desde la que se podía contemplar la puesta del sol al atardecer.

Así regresamos a Brasil con la intención de pasar las fiestas de fin de año en Entre Ríos, ya como dueños de una propiedad agropecuaria, algo que algunos años atrás nos hubiera parecido un delirio. A partir de ese momento, cada vez que viajábamos para visitar a nuestra familia en Buenos Aires pasábamos unos días en el campo. Esa rutina se mantuvo durante 1997, 1998 y 1999.

Capítulo 4
Negociaciones y un final inesperado

Sobre lo atractivo de las organizaciones; una cuestión de estética

¿Qué esperar cuando se espera vender los activos de una organización? Una negociación muy esperada y frustrada.

En esta sección se pone en evidencia la complementariedad de género en las decisiones de cúpula. Sofía logra transformar estéticamente la organización para hacerla más atractiva; una tarea indudablemente muy femenina.

Acabo de autorizar otro giro de dinero para el campo, –le dije a Rafael de espaldas, sin mirarlo, mientras separaba la ropa para el viaje a los Estados Unidos. Debe ser la sexta remesa que envío en lo que va del año y aún no llegamos a la mitad, ¿no te parece que tenemos que controlar mejor lo que están gastando en la Argentina?

–Sí, tendríamos que buscar un contador que audite esas cuentas, –respondió suspirando, –pero ahora no te preocupes con eso. Tenemos que concentrarnos en la reunión que tendremos en Miami para presentar nuestra empresa en Brasil a los que están interesados en comprarla.

Un poco impaciente, y nerviosa por el inminente viaje, recordé que a finales de la década de 1980 había participado en reuniones internacionales de negocios entre empresas. Los orígenes polacos de Rafael nos llevaban con frecuencia a visitar Polonia y, en una oportunidad, una empresa que fabricaba filtros para agua se interesó en asociarse con nuestra empresa en Brasil para fabricar equipos de desmineralización.

El proyecto de *joint venture* consistía en fabricar los equipos con tubos plásticos de Brasil y resinas de intercambio iónico de Polonia, obteniendo así desmineralizadores de agua más económicos y livianos, comparados con los que se utilizaban en Europa Oriental. En el régimen comunista de gobierno de aquella época no había empresas privadas. La empresa con la que negociábamos era estatal y las reuniones eran interminables porque no nos entendíamos en la forma de calcular los costos del producto final y la distribución de los resultados entre nuestras organizaciones. Nosotros seguíamos la racionalidad capitalista de disminuir los costos y maximizar la utilidad. Ellos incorporaban todos los gastos al costo del producto final y luego de muchas discusiones descubrimos que lo hacían porque en su sistema económico los precios para el "mercado" se calculaban como un porcentaje de los costos. Cuanto mayores los costos, mayores los precios y la utilidad ¿Los productos se podían vender a cualquier precio? En principio sí, porque era una economía estatal planificada y cerrada, sin libre competencia.

Con la caída del Muro de Berlín en 1989 y el final del régimen comunista en Polonia en 1990, la empresa con la que negociábamos se disolvió y, con ella, todos nuestros acuerdos. Suspiré recordando la experiencia de las largas negociaciones que terminaron no concretizándose y volví a la realidad de las nuevas negociaciones que teníamos por delante.

–Hay que ser muy cauteloso, Rafa, no olvidemos que la empresa interesada es una competidora nuestra. –comenté con cierta preocupación.

–Viví y estudié muchos años en los Estados Unidos, Sofí, podemos confiar en los yanquis; firmaron un acuerdo de confidencialidad y lo van a cumplir. Además, el banco de mi amigo actúa como intermediario, –me tranquilizó Rafael.

–De todos modos tenemos que ser muy cautelosos, –repetí, –porque se puede filtrar alguna información a Brasil, y aquí no hay acuerdo de confidencialidad que nos proteja.

El departamento del banco en que trabajaba Andrew había recibido dos ofertas, y una de ellas parecía muy buena. La empresa interesada era –en aquel momento– la mayor del mundo, y en Brasil si bien nos superaba en volumen de ventas, tenían menos clientes que nosotros. Por eso les interesaba estratégicamente nuestro negocio para complementar y diversificar la cartera de clientes.

–Oye Rafael, ¿sabes cuántas reuniones tendremos y con quién?

–En principio hay una con todos juntos: además del representante del banco, por la empresa interesada van a participar, el CEF, el tesorero –ambos estadounidenses–, el director de Latinoamérica (un cubano) y el CEO de Venezuela, que posiblemente será el elegido para asumir la conducción de nuestra empresa en Brasil.

–¿Alguna mujer para hacerme compañía?, –pregunté, riendo.

–Tal vez la que nos sirva el café, –respondió Rafael continuando con la broma.

La reunión fue muy positiva. Acordamos que serían negociados solamente los activos intangibles, lo que facilitaba la operación y evitaba prolongados y profundos trabajos de auditoría. Planeamos la próxima reunión para unos meses después en las oficinas de los abogados de ellos donde armaríamos el primer MOU (*Memorandum of Understanding*). También accedimos a que el gerente que se iría a hacer cargo de la compañía visitara nuestras oficinas. Lo presentaríamos como un amigo, algo fácil de creer porque hablaba español, como nosotros.

–Sabes, Rafa, ahora que llegó la comitiva de los Estados Unidos me pregunto si es ética mi conducta de no decirles a nuestros gerentes que tenemos intenciones o, al menos estamos en tratativas de vender la empresa, –comenté en el camino hacia la reunión en las oficinas de los abogados.

–Yo creo que es un error comentar sobre lo que estamos haciendo porque como tú misma dijiste debemos ser cautelosos, –respondió Rafael.

–Ellos son nuestros competidores, –continuó, – y puede ser que la negociación no se complete; entonces estaríamos perjudicando a nuestro personal al generarles una expectativa que no se cumplirá.

–Por otra parte, –agregó, –hay que analizar muy bien si no nos quieren comprar para luego destruirnos.

–¿Cómo lo harían?, –le pregunté.

–Simple. Nos compran y luego despiden a todos nuestros empleados y ellos absorben las tareas administrativas y de producción y reparten los clientes entre los vendedores que ellos ya tienen. Ganarían escala y economizarían un montón de gastos fijos.

–Ellos dijeron que no pretendían hacer eso. Dijeron que querían mantener las dos empresas funcionando en paralelo "compitiendo" en el mercado, como si nada hubiera ocurrido. Si no lo hacen, nosotros no vendemos, y eso se puede colocar como cláusula en el contrato.

–¿Qué cláusula? –Indagó Rafael.

–Una que los obligue a no despedir gente, salvo causas graves, en los próximos cinco años, por ejemplo. Pero tú tienes razón: hay que ver si llegado el momento firmarían una cláusula como esa.

–Por eso es que debemos mantener el sigilo durante la negociación, y no te sientas mal, no estás traicionando la confianza de los empleados.

–No. Sé que en el fondo lo que estamos haciendo los beneficiará.

Nosotros ya estamos patinando en nuestro propio talento como gobernantes. Una empresa con el tamaño y el poder como esta solo les traerá beneficios. Ciertamente invertirán en esta etapa de crecimiento por la que estamos pasando, –reflexioné.

En silencio y llenos de dudas recorrimos el resto del camino hacia el escritorio de abogados que había contratado la parte compradora. Era el mayor estudio de abogados y el más tradicional de San Pablo. De alguna manera estábamos observando cómo una etapa de nuestras vidas empezaba a transformarse. Podía decirse que el edificio era lujoso, principalmente las salas del último piso en el que se hacían las reuniones. Una vez más, fui la única mujer en un grupo de diez personas. En el grupo había seis nacionalidades: brasilera, cubana, estadounidense, polaca, venezolana y argentina. Por parte de la empresa que se proponía comprar los activos, estaban presentes el CEO regional, el CFO regional, el CEO de Venezuela, el tesorero de la central en EE. UU., un representante de la empresa de auditoría externa y dos representantes de la empresa de consultoría jurídica.

Por parte de nuestra empresa estábamos presentes Rafael, nuestro abogado y yo. Esperamos que arribaran todos los participantes en un vestíbulo amplio y elegante, tomando café. Cuando todos llegaron nos invitaron a pasar a una sala de reuniones imponente, con una gran mesa ovalada y 12 sillones de cuero en los que nos instalamos confortablemente.

Luego de los saludos convencionales y una breve presentación de cada uno (nombre y cargo), comenzó la reunión. En principio nadie se molestó en aclarar que yo también tenía poder de decisión, y en mi tarjeta de visita personal no aparecía el cargo que ejercía en la compañía. De modo que la reunión transcurrió en su mayor parte con una amplia participación masculina, los nueve hombres que me rodeaban se sentían muy a gusto hablando entre sí, hasta que se abordó un punto clave en la negociación y que resultó ser su punto de quiebre.

La parte compradora imponía –como condición para comprar los activos– efectuar una auditoría en profundidad de toda la empresa, auditoría que sería efectuada por la compañía de consultoría que les prestaba servicio en el mundo entero. Nosotros no lo podíamos aceptar, porque la parte compradora era una empresa competidora y la empresa de auditoría no tenía la suficiente independencia de criterio. Así, que la condición de reducir el alcance de lo que iba a ser auditado y cambiar de auditor era un asunto que entendía como "no negociable", de modo que tomé la palabra.

–Disculpen que interrumpa, pero quisiera que el señor representante de la empresa de auditoría externa me explique la razón por la cual proponen hacer una profunda auditoría en nuestra empresa si no es la empresa la que está en venta, sino solamente sus activos.

–Lo hacemos por razones de seguridad. Nuestros clientes son clientes globales y queremos darles la máxima garantía de que no correrán ningún riesgo de asumir costos extras, derivados de pasivos ocultos en vuestra empresa, –respondió el auditor.

–Me parece muy bien su preocupación por garantizarle la máxima seguridad a su cliente, –dije –pero es excesivo el alcance del trabajo que se proponen hacer. Una auditoría que se restrinja a la verificación de la cartera de clientes, los contratos con clientes y la situación del personal es más que suficiente para salvaguardar los intereses de su cliente.

A esta altura de la conversación se produjo un profundo silencio en la sala. Nadie sabía cuál era mi formación profesional, pero ciertamente el auditor inmediatamente se dio cuenta de que yo era una colega de profesión. No pude dejar de recordar la insistencia de mi padre para que estudiara la carrera de Contador Público. Obedecí, como habitualmente hacía, y gracias a esa obediencia pasada podía argumentar de "igual a igual" sobre una cuestión tan delicada de la negociación.

–Puede ser, –respondió el auditor con un aire de superioridad, –pero para continuar adelante con la negociación es preciso que realicemos una auditoría previa en profundidad, de los activos, pasivos y resultados de su empresa en los últimos cinco años. Además, haremos una verificación de los riesgos jurídicos en el ámbito del derecho laboral y tributario. Revisaremos todos los libros fiscales, las carpetas de cada empleado y de cada prestador de servicios.

–Disculpe, ¿le entendí mal o usted dijo que para continuar adelante con la negociación "es preciso" realizar la auditoría en profundidad que propone?, –indagué retóricamente, ya preparada para responder a su respuesta afirmativa.

–Sí, –respondió, –es lo que dije, *es preciso* hacerlo del modo que propuse.

–Pues entonces no habrá negociación, –concluí levantándome de mi cómodo sillón y comenzando a estrechar las manos de los que tenía más cerca, despidiéndome.

Visto en retrospectiva, fue un momento que, si no hubiese sido por la tensión nerviosa que todos teníamos, diría que resultó gracioso, casi cómico. Todos me imitaron, se levantaron, se saludaron y se despidieron. Agradecí a los abogados anfitriones por la recepción (y por el café) y salí hacia los ascensores seguida por Rafael y nuestro abogado. Los demás permanecieron en la sala, supongo que aún intentando entender lo que había sucedido. Todavía recuerdo el rostro perplejo de cada uno de los asistentes mientras lo miraba fijo a sus ojos y apretaba fuertemente sus manos.

Solo cuando estábamos los tres retornando a nuestras oficinas en el taxi, recuperamos el habla.

–¿Te diste cuenta de lo que hiciste?, –comenzó a indagarme Rafael.

–¿Y tú te diste cuenta de lo que nos pedían que hiciéramos antes de asumir cualquier compromiso de comprar la empresa?, –repliqué.

–Yo me debo haber dormido, porque no me di cuenta de nada. Estaba todo muy bien, hasta que Sofía habló. Unos minutos después estábamos todos en la calle. No entendí nada, ¿me pueden explicar qué pasó?, –pidió nuestro abogado con una expresión entre la incredulidad y el enojo.

–La cuestión es la siguiente: –comencé a explicarles, ya habiendo recobrado la calma. –Lo que nos propusieron es revisar hasta el último rincón de nuestra empresa y sus transacciones en los últimos 5 años. De acuerdo con la información que obtengan, la empresa de auditoría elaborará un informe en el que recomendará (o no) la adquisición de nuestros activos.

–Piensen que la empresa auditora no va a querer arriesgarse a perder un cliente mundial, por ser optimista en su diagnóstico sobre probables riesgos futuros. De modo que ese informe tiende a ser perjudicial para nosotros; es decir, lo más probable es que "asusten" a nuestros candidatos con fantasmas de posibles (y a mi modo de ver improbables) riesgos futuros, –continué.

–Si eso ocurre, nosotros perdemos al candidato a comprarnos y, además, dejamos en las manos de una empresa de auditoría todos los datos confidenciales de nuestro negocio global. Sin ninguna necesidad, porque lo que estamos negociando son solamente los activos, en su mayoría inmateriales, –agregué.

–Ahh… ya comencé a entender algo, –dijo nuestro abogado con un tono más tranquilo. –Tú quieres decir que esta gente, por un vaso de leche que tiene interés en comprarnos, nos pide que les dejemos llevar la vaca a su establo para analizarla.

–¡Eso mismo!, veo que entendiste perfectamente, –respondí.

–Sí, yo también ahora veo que la empresa auditora podría hacer fracasar la negociación, en su afán de no arriesgar nada. Cualquier detalle sin importancia podría ser motivo para desaconsejar la compra, –agregó Rafael.

–¡Exacto!, –dije, coincidiendo con su análisis. –Lo que ahora debemos hacer, me parece, es: en primer lugar preparar la empresa para ser vendida; es decir, organizarla, revisar las carpetas y tener toda la documentación que refiera a los activos que se disponen a comprar, prolija y fácil de auditar. En segundo lugar deberíamos promover una reunión con los directivos de la empresa compradora, explicando nuestras razones y pidiendo para que sustituya a la empresa de auditoría por otra, de igual prestigio profesional, que ellos elijan. Así lograremos un poco más de imparcialidad.

–Eso nos va a tomar mucho tiempo, –dijo Rafael un poco desalentado por la idea.

–Puede ser, –respondí. –Quizá nos tome un año, pero vale la pena porque mantenemos las puertas abiertas para la negociación. Si hubiéramos accedido hoy, correríamos el riesgo de cerrar las puertas para siempre.

–En lo que a mí respecta me tiene sin cuidado que demoremos un poco más en avanzar, si eso significa caminar en terreno más seguro y favorable a nuestros intereses, –completó el abogado.

Pasaron algunas semanas y continuábamos con esa triste sensación de haber perdido una ilusión. Rafael estaba entusiasmado con la idea de negociar la empresa y le costaba juntar fuerzas para seguir adelante con la incertidumbre de si en otro momento nuestros potenciales candidatos a comprar continuarían interesados.

Por mi parte comencé a trabajar duro para "vestir a la novia". Si la querían así como estaba, luego de los arreglos que planeaba hacerle, seguramente renovarían el interés. Inmediatamente contraté una empresa de auditoría externa y les pedí una profunda auditoría de los últimos cinco años con un informe sobre los puntos flojos y los puntos fuertes de nuestra empresa. Sobre la base de ese informe me propuse dejar la empresa más atractiva y ese trabajo me tomó casi el resto del año.

–Ya estamos listos, –dije entrando en la sala de Rafael con una amplia sonrisa.

–¿Para qué?, –me preguntó curioso.

–Para que cualquier empresa de auditoría de primera línea con criterio independiente nos venga a auditar, –respondí orgullosa.

–¡Qué buena noticia! Sabes, me enteré que el CEO de Venezuela, aquel español al que iban a destinar como directivo de nuestra empresa, está aquí en Brasil.

–¡Esa sí es una buena noticia!, –exclamé feliz. – ¿Por qué no lo llamas, le cuentas que tenemos un informe completo de auditoría que quisiéramos compartir con él y aprovechas para invitarlo a almorzar o cenar?

Rafael inició las gestiones y al poco tiempo compartimos una cena en un restaurante tranquilo y exclusivo en las afueras de San Pablo. Éramos directivos de empresas competidoras y todos velábamos por la confidencialidad de nuestros contactos. Kevin Nozaleda le dio un vistazo rápido al informe, se comprometió a leerlo detenidamente y, si sus directivos accedían a continuar con la negociación, promovería una reunión para acordar los detalles.

Rápidamente, como queriendo recuperar el tiempo pasado, nos reunimos; ellos accedieron a nombrar otra empresa de auditoría y solicitaron que centralizáramos la negociación entre nosotros, sin la intervención de abogados. Para ello nos presentaron al director financiero de la empresa en Brasil, una persona ya habituada a comprar pequeñas empresas para su compañía. Así, Thomas Toledo y yo quedamos como responsables por la conducción de los trabajos de auditoría administrativa y financiera y Kevin, junto con Rafael, verificaría las áreas de producción y ventas. Firmamos una carta de intención de compra y de confidencialidad y pusimos manos a la obra.

Ya se aproximaba el final del año 1998 y, como todo diciembre había hiperactividad en la empresa, principalmente en el área administrativa y financiera que yo coordinaba. Una mañana llegué y me dirigí inmediatamente al sector en el que trabajaban los contadores y, cuando estaba entrando escuché un diálogo interesante:

–¿Sabes lo que está ocurriendo en el tercer piso?, – le preguntó la asistente de cuentas a cobrar al contador.

–¿El piso que estaba vacío?, –respondió.

–Sí, el mismo. Pero ahora parece que hay un montón de gente trabajando. El otro día salí para almorzar y retornaban tres personas que cuando me vieron pararon de conversar, –agregó la asistente.

–La Dra. Sofía me explicó que está realizando una nueva auditoría de gestión y que esas personas pertenecen a la empresa que hizo la otra auditoría a principios de este año, –explicó el contador.

–¿Y por qué de repente están haciendo tantas auditorías?, –continuó indagando desconfiada.

–No lo tengo muy claro, pero una cosa es cierta. La Dra. Sofía está directamente trabajando con ellos y entregándoles los documentos que me solicita. El otro día la vi bajar en el ascensor con un carrito de supermercado lleno de cajas con archivos, –recordó el contador.

–Bueno, espero que no sea porque están sospechando de algo. Me acuerdo cuando los competidores nos robaron un grupo de ingenieros de ventas. Perdimos un montón de clientes y la empresa no pudo llegar a cumplir la meta de ventas. No sería bueno cerrar el año descubriendo un desfalco, por ejemplo.

–Espero que no. Todos tenemos un premio si se cumplen las metas de ventas, y yo particularmente quisiera ganarlo. Tenemos que colaborar para cerrar el año dentro del presupuesto, –agregó el contador.

–Sí, yo estoy colaborando con ventas internas y les paso información sobre clientes que hace mucho que no compran, para que ellos los llamen e intenten vender por teléfono, –dijo la asistente.

Me detuve y no entré en la sala de administración que funcionaba en el séptimo piso. Subí al octavo, en el que funcionaba el directorio, fui a mi sala y me senté a pensar en lo que estaba sucediendo y, sobre todo, en lo que iba a suceder.

En ese momento contábamos con casi 200 colaboradores en la empresa. La auditoría estaba llegando al final y, en principio, parecía estar todo bien. Pensé que debía hacer un gran esfuerzo para mantener el sigilo de la negociación y, si llegábamos a un acuerdo, debía empeñarme en proteger a las personas que trabajaban en la empresa para impedir que las echaran

Los informes finales de la auditoría solo estuvieron listos en la semana entre Navidad y Año Nuevo. Habíamos llegado a un acuerdo en términos de precio y de forma de pago. Solo faltaba que la dirección de la empresa compradora, en los EE. UU., aprobara la operación y luego incluir las cláusulas de condiciones y restricciones para cada una de las partes.

Llegaron las fiestas de final de año y estábamos agotados, por eso decidimos viajar unos días con nuestras hijas para descansar. Fue el primer comienzo de año en el que teníamos una total incertidumbre sobre cómo seguiríamos. Ciertamente la venta de la empresa cambiaría mucho nuestra forma de vida.

Cuando regresamos de las cortas vacaciones, Thomas me comunicó que la dirección de su compañía había autorizado la compra, por el precio en dólares que habíamos estipulado, de modo que comenzaríamos inmediatamente a trabajar en los contratos. Fue una excelente noticia porque teníamos la seguridad de que los nuevos accionistas le darían el ímpetu que la empresa requería para dar un nuevo salto cuantitativo en el mercado. Pero la alegría duró poco.

–Sofía, tienes que escuchar esta noticia que están pasando en la televisión. Ven rápido, –me urgió Rafael.

–¿Qué pasa?, –pregunté alarmada.

–Parece que el presidente del Banco Central, Gustavo Franco, renunció y quien lo sucedió, Francisco López, anunció la creación de una nueva modalidad cambiaria.

–¿Eso significa que no habrá más tipo de cambio fijo?, –volví a preguntar.

–Exactamente. A la nueva modalidad le pusieron un nombre bien difícil para que la mayoría no entienda. La llamaron "banda diagonal endógena".

–Ja, ja, ¡típico de economistas!, –comenté riéndome al pensar en la cara de desconcierto que muchos pondrían al leer o escuchar la noticia.

–Bien, en la práctica supongo que será un tipo de cambio fluctuante y que dependerá de la oferta y la demanda de la divisa, –completé.

–Sí, –agregó Rafael, y tomando el teléfono dijo: –voy a llamar a Thomas Toledo para que nos reunamos porque parece que la cotización del dólar subió más del 20 % y eso significa que el valor de la negociación en Reales que hicieron con nosotros aumentó en la misma proporción.

–¿Crees que toda la negociación puede revertirse?, ¿que después de este anuncio desistirán de la operación?, – pregunté con ansiedad.

–Veremos, –respondió Rafael, y por su expresión vi que no quiso alarmarme, pero que interiormente pensaba que este cambio macroeconómico podría afectar los planes de la empresa multinacional.

Los siguientes días fueron de mucha ansiedad y nerviosismo. El clima en el país se había alterado. El dólar no paraba de subir y el Banco Central tenía que intervenir vendiendo divisas. El 2 de febrero el ministro de Economía le pidió la dimisión al presidente del Banco Central, Francisco López, y colocó en su lugar a Arminio Fraga, un joven economista que trabajaba con George Soros. Por el carácter especulativo de las acciones del grupo Soros, los observadores externos comentaban que se había puesto "al lobo para cuidar del gallinero".

Las empresas que habían contraído deudas en el exterior las vieron aumentadas de un momento para otro y, como es usual en los procesos de desvalorización de la moneda local, los importadores sufrieron alzas en los costos de sus insumos y los exportadores lograron precios más competitivos en el mercado externo. La industria nacional se reactivó y, si bien con el transcurso de los años la desvalorización se mostró positiva para la economía brasilera, en el momento en que la matriz en los Estados Unidos tomaba la decisión de cerrar el contrato y comprar los activos de nuestra empresa, la incertidumbre sobre el futuro económico brasilero era alta.

En una memorable reunión el negociador por parte de la empresa interesada en comprar, Thomas Toledo, intentó mantener el precio en Reales al cambio del momento en que se firmó el compromiso de compra. Es decir, que si nosotros queríamos vender, teníamos que asumir la desvalorización de la moneda local. "Ustedes están en Brasil", argumentaba, "y los costos de relativos de posibles inversiones en otros activos en el país se mantienen". "Por mi parte no creo que vaya a conseguir que mi compañía me gire más dólares para convertirlo en Reales para cubrir la desvalorización de la moneda", –agregaba en tono amenazador.

Recordé la ocasión en la que no transigí con las condiciones que proponían para comenzar a negociar (en otra memorable reunión anterior). Respondí muy brevemente que el precio se había acordado en dólares y así continuaría.

–¿Y por qué en aquella ocasión no pediste un precio un poco más alto de lo que querías obtener en dólares?, –me preguntó Thomas.

–Así hoy, con la desvalorización del Real, tendrías el precio que esperabas obtener en dólares, –agregó en tono magistral.

Hasta el día de hoy no tengo respuesta para esa pregunta. Lo cierto es que, en ese momento, volví a repetir lo que ya había dicho: "el precio se había acordado en dólares y así continuaría". Era nuestra condición para terminar de cerrar la negociación.

Capítulo 5
Cambios, algo más que culturales

Aclimatándose al navegar el cambio cultural

Llegó el cambio estructural planeado; salir de la organización significó salir del país. ¿Cómo enfrentar el choque cultural y la necesidad de reaprender los nuevos códigos de comportamiento?

Las aventuras y desventuras de Sofía en el intento de flexibilizar los "modelos" mentales. Estudiar y la vida académica se vuelven un modo de entender la nueva realidad y de inclinar la balanza entre el pensamiento y la acción, generada en la nueva actividad empresarial familiar.

Mayo en Buenos Aires es el mes más agradable del año. Mucho sol, un cielo maravillosamente despejado, no hace aún mucho frío, las calles arboladas se tiñen de amarillo por las hojas de los paraísos que caen y alfombran las veredas, y el paisaje en las plazas se adorna con tonos azules violáceos de las flores del jacarandá. Es imposible no emocionarse ante tanta belleza, pero en ese momento en que manejaba en dirección al lugar del encuentro con mi amiga Flavia y no podía apreciar nada, solo me mantenía atenta al tránsito para no chocar.

¿Por qué los porteños manejan tan mal?, me preguntaba sin tener conciencia de que "manejar mal" es un juicio de valor cargado de subjetividad. ¿Qué entendía yo por mal? No miran el espejo retrovisor, el que está atrás que se cuide de la maniobra que hará el que está adelante. No ponen el guiño para cambiar de carril, ¿para qué?, si el que está atrás tiene que cuidarse de mí, que estoy adelante y giro cuando quiero. Si uno pone el guiño para girar, el que está en el carril al que uno quiere dirigirse seguramente acelera, porque no quiere dejarse pasar ¡delante de mí, no! Así mismo el movimiento browniano de coches en las grandes avenidas es embriagador, pocos respetan los carriles marcados en las calles. Cada uno circula por donde su coche cabe, a veces olvidándose del sabio principio de que dos cuerpos no caben en el mismo espacio.

No era solamente el tránsito lo que me molestaba en ese proceso de readaptación al lugar donde había nacido y del que me había ausentado durante mucho tiempo. El trato con las personas también me resultaba difícil. Durante el proceso de reforma de la casa a la que nos mudamos tuve que tratar con gente de muchos gremios y profesiones: arquitectos, ingenieros, comerciantes de muebles, carpinteros, electricistas, marmolistas, entre otros. En su mayoría tenían en común al menos dos características: no trabajaban con cheques, solo con dinero al contado y, de preferencia, con pago anticipado, y no había en el mundo mayor autoridad en el tema de su especialidad que ellos. Uno no podía ni soñar con hacer una pregunta que cuestionase la propuesta o diagnóstico que hacían sin correr el riego de recibir una catarata verborrágica de explicaciones que lo hacían sentir a uno como el ser más próximo a la bestia.

La curiosidad injustificada era otra cuestión que me irritaba. ¿Para qué diablos quiere saber por qué tengo acento en español, de dónde vengo, de dónde soy? ¿En qué le ayuda esa información para arreglar el inodoro? Hablar por teléfono era otra tortura. Acostumbrada al:

–Alô gostaría de falar com Pedro.

–Quem fala?

–Fulana

–Um momento (enseguida encontraba a Pedro en la línea).

Enfrentaba, la mayoría de las veces, la siguiente situación:

–Buenos días, quisiera hablar con Pedro.

–¿Por qué asunto es?

–Una consulta profesional.

–¿Quién habla?

–Fulana.

–¿Él la conoce?

–Sí.

–Igual preciso saber cuál es el tema para pasarle la llamada.

–Es sobre un presupuesto.

–¿Qué número de presupuesto?

–No lo tengo aquí conmigo, pero cuando hable con él sabrá a qué presupuesto me refiero.

–Él no está.

–De acuerdo, gracias.

En esos casos había aprendido que no adelantaba indagar más sobre la hora o el día en que podía encontrar a Pedro. Lo mejor era intentar en otro momento y evitar abrir la conversación diciendo "¿Está Pedro?", porque la indagatoria que se sucedería sería aún más prolongada. Estacioné el auto y me dirigí al restaurante para almorzar con mi amiga pensando en las dificultades de la adaptación a nuevos códigos culturales. Vivir y trabajar en una gran ciudad es siempre un desafío en el que se pone en juego la energía disponible y la experiencia acumulada. Cuando cambiamos de ciudad, la experiencia acumulada pierde valor y hace falta al comienzo un monto mucho mayor de energía para resolver problemas cotidianos. En esa ecuación estaba, probablemente, la causa de mi malestar.

–¡Hola Sofia querida, qué bueno verte! ¡Al fin encontramos un momento para compartir juntas sin que nadie nos apure!, –saludó mi amiga.

–Hola Flavia, a mí también me alegra que podamos conversar tranquilas. Casi no nos vimos desde que nos mudamos de regreso a la Argentina, –comenté.

–Es verdad. Te noto entre triste y enojada, ¿te pasa algo?, –preguntó dejando en evidencia su profesión de psicóloga y su innegable instinto para percibir al otro.

–Sabes, desde que vendimos la empresa y nos mudamos para aquí no me siento muy bien, creo que me está costando readaptarme, –le respondí con sinceridad.

–Me parece que quedó algo sin resolver en ese cambio de vida que tuviste, ¿por qué no me cuentas más sobre cómo fue la transición y la mudanza?, –me pidió mi amiga con aire profesional, como si estuviéramos en su consultorio.

En ese momento, como si tuviera en mi mente un proyector de imágenes, fueron desfilando escenas de los casi dos años que habían transcurrido desde el día que anunciamos al personal de la empresa que cambiaba la dirección y asumían los directivos nombrados por la empresa que hasta ese momento había sido nuestra competidora.

Las reuniones con el personal, que después de la sorpresa inicial se adaptó al cambio con facilidad y felicidad, al comprobar que continuarían "compitiendo" con la empresa matriz, pero con mejoras salariales, de equipos, más productos y otras ventajas adicionales. La limpieza, la destrucción y la mudanza de papeles y documentos de nuestras oficinas desparramadas en un edificio de ocho pisos que hubo que acomodar en una oficina de 150 metros cuadrados. El pasaje de información a los nuevos administradores y las reuniones con abogados y contadores para administrar la transición del gobierno de la organización.

A toda esa actividad se agregaron los cambios en el ámbito familiar. Rafael pensaba que era el momento de mudarse a la Argentina, para acompañar la actividad en el campo, que hasta ese momento solo nos traía problemas y nos costaba dinero. Compramos un departamento nuevo, y con la ayuda del arquitecto que nos había asesorado en todas las casas y oficinas que tuvimos en Brasil, lo decoramos y amueblamos. Alquilamos la casa de 1.000 metros cuadrados en la que vivíamos en la Granja Viana y nos redujimos a un departamento de 200 metros cuadrados en San Pablo, cerca de la Facultad donde estudiaba nuestra hija mayor.

–Sabes Flavia, la transición profesional no fue difícil, solo requirió mucho esfuerzo y trabajo de mi parte, porque yo me encargaba de las cuestiones administrativas, contables y financieras. Para Rafael, que se ocupaba de la producción y de las ventas, fue más fácil porque a partir del día que vendimos no tuvo más trabajo y comenzó a concentrase en la nueva actividad agropecuaria.

–Lo que más me molesta, –continué, –es la mudanza y la división de nuestra familia, al quedar una hija en Brasil y la otra en la Argentina, y yo yendo y viniendo de un lado para otro.

–¿Por qué no trajiste a Carol para Argentina?, –preguntó Flavia.

–Porque solo le faltan unos meses más para recibirse y aquí no le reconocen muchas materias, entonces tendría que continuar cursando un par de años más, –expliqué no muy convencida del costo-beneficio de esa decisión.

–Entiendo, debe ser difícil. Además, también tienes que acompañar a Rafael en el campo en Entre Ríos. Ya te veo corriendo en el eje San Pablo / Buenos Aires / Gualeguaychú, –comentó con una sonrisa.

–Al menos creo que conseguí organizar nuestras vidas cotidianas de la mejor forma posible. A Carol la dejé en el departamento viviendo con Efigênia, ¿te acuerdas de ella?, –pregunté.

–¡Claro, cómo no me voy a acordar!, ¿te olvidaste de que yo viví en tu casa cuando mi marido viajaba continuamente a San Pablo por trabajo? Tus niñas eran pequeñas y ya en ese momento Efigênia era tu empleada doméstica. ¡Un encanto de persona! Me acuerdo de que me impresionaba su risa amplia con dientes blanquísimos que contrastaban con su piel negra, –recordó Flavia.

–Sí, claro. Efigênia comenzó a trabajar conmigo cuando Carol tenía 3 o 4 años. Bueno, ahora las dos están en el departamento que alquilé cerca de la Facultad.

–En el campo contraté una pareja de paraguayos, él es hermano de la empleada doméstica que tengo en Buenos Aires y su esposa cuida de la casa y atiende a Rafael cuando permanece en el campo por trabajo, –agregué.

–Bien, como siempre, te emerge tu faceta de administradora y organizadora y, convengamos que es un rol que te sale muy bien. Esta es una fase que, en breve, cuando Carol termine su Facultad, se va a superar. La tendencia es que cada vez tengas menos asuntos para resolver en Brasil y te vuelques más hacia la Argentina, donde se han establecido. Siempre tuviste una vida profesional intensa, supongo que ahora estás trabajando en el nuevo negocio agropecuario también intensamente.

–Sí, – respondí –pero lo hice automáticamente,–y continuamos almorzando y actualizándonos sobre los cambios en nuestras vidas.

Regresé a casa pensando en la respuesta automática que le di a mi amiga. No, no era cierto lo que dije: que trabajo intensamente en el negocio agropecuario. Rafael sí lo estaba haciendo. Las actividades del campo le ocupaban el día y algunas horas de la noche que se dedicaba a estudiar cuestiones sobre agricultura y ganadería, actividades totalmente nuevas para ambos. No, mi caso era diferente. La administración de los negocios agropecuarios era muy sencilla. Teníamos cuatro empleados y no teníamos ni siquiera oficinas, trabajaba en casa. Sí, esa reducción drástica de mi actividad profesional me dejaba demasiado tiempo libre ¡Y era el momento de ocuparlo con otra actividad!

Con esa idea dando vueltas en mi cabeza preparaba la mochila para ir a pasar el fin de semana al campo. Salimos temprano porque queríamos aprovechar el maravilloso día templado y con sol.

–¿Cómo van tus estudios sobre agricultura y ganadería?, –pregunté mientras Rafael manejaba.

–Bien, leo mucho la Revista Chacra, el sector de campo de los diarios y siempre que puedo miro el Canal Rural, –respondió Rafael.

–Sí ya sé, ese que me da sueño. Igual tienes un ingeniero agrónomo y un veterinario que te asesoran, –complementé.

–Tengo que entender lo que me dicen. Yo pienso diferente y ellos tienen muchos paradigmas, por eso tengo que aprender algunas cuestiones técnicas mínimas, –explicó.

–¿Tienes idea de cuántos asesores cambiamos en los dos últimos años?, –pregunté.

–No, ¿cuántos?

–Doce, si no me olvido de alguno, –respondí.

–¡No puede ser!, ¿tantos?

–Sí, incluyendo a los últimos que están trabajando ahora, cambiamos cinco contadores, un administrador, tres veterinarios y tres ingenieros agrónomos, contabilicé con los dedos de las manos.

—Ahora estoy administrando la producción yo con la ayuda de un agrónomo y un veterinario que vienen una vez por semana, —resumió Rafael. —Creo que no vamos a tener tanta rotación en el futuro y además pienso que en breve la actividad será rentable.

—Eso espero. Por mi parte decidí que el contador se encargue de las tareas administrativas, pago de sueldos y facturas. Voy a reservarme solo para auditarlo periódicamente, —dije.

—¿Y a qué te vas a dedicar?, —indagó Rafael, un poco alarmado. —Tú no puedes estar inactiva, sin hacer nada, —agregó con un aire preocupado por la parte que le afectaba en esa situación.

—Ya encontraré algo, —respondí tomando el periódico para leer e interrumpir esa conversación molesta para ambos.

—¡Mira!, —exclamé al poco tiempo —La Facultad de Ciencias Económicas de la Universidad de Buenos Aires (UBA) está lanzando un MBA.

—¿En serio? ¿No tenía un MBA?, —respondió Rafael distraído.

—Parece que no. Ohhh… ¡a estos profesores los conozco! Fueron profesores míos en la carrera de grado hace como 20 años. ¡Qué bueno sería verlos de nuevo!, —exclamé entusiasmada.

—Verlos y saludarlos pero, ¿no estarás pensando estudiar de nuevo, verdad?, —inquirió, un poco más interesado en la conversación.

—¿Y por qué no?

—Porque ¿qué piensas que vas a aprender de nuevo en un MBA?, —contestó impaciente. —No solamente estudiaste administración. Además de participar de *joint ventures* con Polonia, tuviste tus negocios propios, fuiste gerente y directiva de negocios ajenos, dirigiste la mayor empresa brasilera de tratamiento de aguas industriales y condujiste la negociación de venta de la compañía con éxito ¿Qué teorías te pueden enseñar esos tus exprofesores que no hayas vivido en la práctica?, —agregó enojado con la idea.

No continué argumentando, preferí cambiar de tema pero no de intención de ir a la Facultad para interiorizarme sobre los estudios del MBA. Así fue como me entusiasmé y me inscribí para la entrevista de selección. La Facultad de Ciencias Económicas de la UBA tenía en ese momento un prestigio que hizo que el anuncio en el periódico fuera respondido por cientos de candidatos. Los docentes se organizaron en duplas y entrevistaron a la mayoría de los aspirantes para seleccionar dos comisiones de aproximadamente 40 personas cada una. Una comisión cursaba los seminarios tres veces por semana, a la noche y otra se organizó para cursar los viernes y sábados.

Fui seleccionada y, así, comencé un nuevo milenio estudiando bajo la mirada escéptica de mi esposo y el asombro de mis dos hijas.

Capítulo 6
De vuelta a las aulas

Los matices académicos en el marco de un nuevo contexto

Estudiar cómo volver, volviendo a estudiar. Lo que parece un juego de palabras se materializa en la práctica. Al buscar cómo adaptarse al cambio cultural y cómo emplear el tiempo que ya no dedica más a la actividad profesional, Sofía encuentra en el estudio una solución.

El ambiente académico, colegas y profesores perfilan otra perspectiva para entender la misma realidad. Como en un gimnasio en el que se entrenan los grupos musculares, en las aulas se entrena la articulación entre escuchar – pensar – hablar – y escribir.

Ser parte de la primera camada de un MBA de la UBA era una experiencia novedosa para todos, tanto docentes como alumnos. Estábamos en los comienzo del nuevo milenio y sentíamos que la apuesta por un futuro mejor era hecha tanto por quienes estábamos allí como por la institución que habíamos elegido.

Las clases de la comisión que cursaba el MBA por la noche comenzaban a las 19:00 y terminaban a las 22:00. En el intervalo, de aproximadamente media hora, permanecíamos en el mismo edificio tomando café que nos servíamos de las máquinas expendedoras en los pasillos. Éramos un grupo homogéneo en términos de cargo que ocupábamos y tiempo de experiencia profesional. La mayoría habíamos ocupado cargos gerenciales al menos en los últimos cinco años.

La heterogeneidad consistía en la carrera de grado que había hecho cada uno. Había ingenieros, psicólogos, licenciados en letras y en ciencias políticas, entre otras profesiones. Todos habíamos sido seleccionados luego de una rigurosa entrevista. Nos fuimos organizando por grupos y subgrupos para hacer los trabajos. Yo estaba en un grupo de seis, tres mujeres (las espléndidas) y tres varones (los magníficos).

–Tenemos que ir pensando reunirnos para el próximo trabajo, –dijo Juan Ignacio.

–¿Alguna idea del tema sobre el cual vamos a hacer el Plan de Marketing?, –preguntó César, el otro miembro del grupo reducido que conformamos para ese trabajo en particular.

–Podemos abordar el tema de la cría de avestruces en la Argentina, –dije. –En Brasil es un negocio que promete y aquí aún no está desarrollado.

–Genial, –dijo Juan Ignacio, –¿y me puedes explicar para qué sirve ese bicho?

–Para muchas cosas, –respondí. –Los huevos se venden, cada uno equivale a una docena de huevos de gallina, la cáscara del huevo se pinta y se vende como objeto de decoración, con la piel se hacen carteras y zapatos, las plumas se usan para los trajes de Carnaval y la carne se come, es roja como la carne vacuna.

–¡Un aprovechamiento integral! Me gusta, no se desperdicia nada, –exclamó César.

–¿Sabes algo del tema?, –indagó siempre pragmático Juan Ignacio.

–Sí.

–Bueno, entonces puedes armar el esquema del trabajo y nos distribuyes las tareas que nosotros tendremos que hacer, –respondió.

–De acuerdo. Como estoy pensando que en la presentación del trabajo sería conveniente exponer algunos productos del avestruz, yo me encargo de los accesorios y ustedes de la carne, –comenté dando inicio a la distribución de tareas.

–Sugiero una degustación de *carpaccio* de avestruz (aquí tendremos que conformarnos con ñandú que es la variedad local). Los invito a cazar un ñandú (que hay muchos) en nuestro campo en Entre Ríos la semana próxima dije, sonriendo, y retornando a la clase, bajo la mirada incrédula de mis colegas.

El profesor Pablo Quebeć comenzó con la segunda parte de la clase de la materia Economía de la Organización Empresaria. En esa clase abordamos los cambios organizacionales que se produjeron en la Argentina en la década de 1990 en el sector agropecuario.

–La globalización, junto con la apertura y la desregulación de la economía, contribuyeron a las transformaciones que marcaron la década de 1990, pero también contribuyeron a aumentar la vulnerabilidad que se recibía de las políticas macroeconómicas, –comenzó.

–Estas indicaban que, para mantener o acrecentar la rentabilidad, las unidades productivas debían aumentar su escala y elevar los rendimientos con el fin de absorber los gastos fijos y amortizaciones vía una mayor producción de bienes, –continuó.

–Perdón, –interrumpió un colega, –aumentar la escala de la unidad productiva es una alternativa, pero no la única. Se puede, por ejemplo, organizarse en torno a cooperativas de producción agropecuaria, –concluyó.

–Sí, es una posibilidad, –le respondió el docente, –pero dado el perfil individualista del productor agropecuario se optó por otra conformación en la que se coopera sin constituirse una cooperativa.

–En el nuevo entorno productivo del sector rural, surgieron o se reforzaron en gran escala nuevas formas simultáneas de vinculación entre los agentes económicos, como la subcontratación, la tercerización y otras formas de vincularse en que el agregado de valor compromete la participación de diversas empresas, –explicó.

–No veo nada de innovador en esa forma de vinculación entre los agentes económicos, –comentó otro colega.

–¿Qué es lo que no ve de innovador?, –indagó Pablo.

–La tercerización, por ejemplo, –respondió el colega, –es una práctica bastante común hace algunos años en el sector industrial.

–Pero no lo era en el sector agropecuario, –resaltó el profesor. –La organización del sector se realizaba en torno a la función de producción. El que tenía tierra, se integraba "tranquera adentro" y organizaba su producción. Es decir, poseía las máquinas, la mano de obra y todos los implementos necesarios para sembrar y cosechar. Esta alta inversión en activos fijos ponía un techo al crecimiento y no contribuía a aumentar la eficiencia y la competitividad de las firmas.

–Además, los cambios abarcaron tanto aspectos tecnológicos como financieros y organizacionales, e impactaron directamente en la producción del sector, que creció aproximadamente un 80 % con referencia a la década anterior, –completó Pablo.

–¡Ochenta por ciento!, –exclamó una colega economista. –Ese crecimiento no se observó en ningún otro sector, ni siquiera un número parecido.

–Efectivamente, –continuó Pablo. –Lo interesante es que pocos conocen las transformaciones en los modelos de organización empresarial, que buscaron de una u otra manera: a) el aumento de la eficiencia productiva con la incorporación masiva de la tecnología disponible, b) el aumento de la escala de producción por medio de mecanismos asociativos y c) la articulación de la actividad primaria con otras etapas de la cadena alimentaria.

–Cuando usted menciona "los modelos de organización empresarial", ¿a qué se refiere?, –pregunté.

–A nuevas modalidades de organización empresarial que podemos resumir en dos grandes grupos: 1) los *pools* de siembra y 2) las formas asociativas entre productores, –respondió.

–La estrategia principal de la primera nueva figura consiste en sembrar grandes extensiones, por medio del alquiler de los campos, mediante el aprovechamiento de economías de escala, que permitan diversificar los riesgos y, al mismo tiempo, mantener el control del capital circulante, minimizando el capital fijo, –explicó Pablo.

–Esto me suena a especulación financiera, –comentó un colega especialista en finanzas, gerente en una institución bancaria.

–No sé si lo llamaría "especulación financiera", –le contestó Pablo. – Esta figura supone la participación de tres actores económicos: a) los propietarios de la tierra, b) la consultoría técnica y la administración, que tienen los conocimientos técnico-profesionales para operar la producción y c) los inversores. Estos últimos quizá son los que usted denomina especuladores.

–Sí, son los que buscan una retribución mayor para el capital invertido con cálculo de riesgo implícito en la operación, –respondió el colega.

–Una variación de esta modalidad son los "Fondos de Inversión Directa" que, además de constituir una nueva forma de organización empresarial, son también un instrumento que canaliza ahorros extra agrarios hacia la producción agrícola.

–Cierto, y están regulados por la Ley Nº 24.441 que reglamenta los contratos de fideicomiso, –concluyó el colega.

–Mi familia tiene campos en el norte del país y siempre se dedicó a trabajar la tierra "tranqueras adentro", como usted mencionó, –dijo otra colega de Ciencias Políticas, –¿qué ventajas tendrían en arrendar su propiedad?

–Los propietarios de la tierra que arriendan su propiedad, lo hacen porque tienen la expectativa de obtener mejores resultados que si los explotaran ellos mismos. Además, evitan asumir el riesgo climático.

–Bueno, este MBA parece que va comenzar a autopagarse, –continuó la colega, –voy a meterme en la contabilidad de los campos de mi familia y, si arrendar da mejores resultados, retiraré una parte de ellos para cubrir los costos de mis estudios, –concluyó provocando risas en la clase.

–No olvide de destinar un porcentaje para el profesor, –bromeó Pablo.

–Continúo con interés en saber cómo funciona el sistema de cooperación sin ser cooperativa, –insistió el colega que abrió el debate.

–Llamémoslas "formas asociativas entre productores" para diferenciarlas, –sugirió Pablo.

–Es cierto que las formas de asociación tradicionales han sido las cooperativas, –continuó. –y, si bien algunas permanecieron con las modalidades históricas, otras evolucionaron hacia formas jurídicas asociativas del tipo, por ejemplo, de consorcios para la exportación.

–Se forman como asociaciones transitorias de empresas con fines exportadores, en general de productos de origen agrícola producidos en "contra-estación" con el hemisferio norte, como arándanos, caracoles, miel, entre otros productos. En muchos casos se conforman verdaderos grupos económicos que apuntan al mejor aprovechamiento de la maquinaria agrícola y a la ampliación de la producción, ya sea por medio de integraciones "horizontales" o "verticales", –agregó Pablo.

Estas asociaciones me parecían formas muy adecuadas para utilizar en nuestra organización, si algún día decidíamos agregarle valor a la producción primaria. Después de escuchar la clase de Pablo Quebeć, me parecía evidente que el nuevo escenario que se proyectó a partir de 1990 perfiló una agricultura más compleja, con mayores interrelaciones contractuales, y esto me parecía sumamente interesante como tema para profundizar los conocimientos y poder aplicarlos a nuestro proyecto de agronegocios

Pasó el tiempo, las materias, los exámenes, y los trabajos, y se aproximaba el final del segundo año de estudios. Había terminado un ciclo y, a partir del año siguiente cada uno de nosotros debería abocarse a su tesis para concluir la Maestría y diplomarse. Los integrantes de nuestro pequeño grupo, bastante inquieto por cierto, coincidíamos en que era preciso organizar una fiesta de despedida antes de finalizar el año. Decidimos reunirnos una noche, después de la clase, para planear los detalles.

Elegimos un bar y restaurante cerca del edificio en el que cursábamos la Maestría. Era verano de modo que fuimos caminando en grupo en una noche muy agradable. Todos hablábamos casi simultáneamente y la conversación solo se organizó cuando estuvimos todos sentados, acomodados con nuestras bebidas y copas en mano ya dentro del restaurante.

–¿Y? ¿Qué les pareció la Maestría? ¿Cumplió con las expectativas que tenían cuando la comenzaron?, –indagó una colega formada en Relaciones Públicas y habituada profesionalmente a hacer este tipo de preguntas.

–En general, a mí me pareció bien, quizá estuvieron un poco flojas las materias del ciclo de especialización. Al menos yo esperaba algo más, –comentó Juan Ignacio.

–Sí, –agregó César –yo, que también cursé la misma especialidad que Juan Ignacio, pienso lo mismo. No se mantuvo el mismo estándar que al comienzo y eso me decepcionó un poco.

–A mí no me gustaron las materias matemáticas, –exclamó Raquel, la colega que tiene familia poseedora de tierras en el norte del país, –me costó un montón aprender y aprobar.

–Noooo… ¡no puedes ser tan caradura!, –le respondió otro colega,

Licenciado en Ciencias Informáticas. –¡Si te copiabas todo siempre de mí!, –le reclamó riéndose.

–No es verdad, –respondió Raquel con tono ofendido.

–¿Que no te copiabas de mí?, –le respondió incrédulo.

–No, que me copiaba *siempre* de ti. Una vez me copié de Sofía, –agregó riendo.

–Sí, dije, –recuerdo que Raquel me pidió que inclinara la hoja de mi prueba para que pudiera ver el resultado.

–Exacto y copié textualmente todas las respuestas de tu prueba, –comentó Raquel, riéndose aún más.

–El problema fue que Sofía tenía el tema 1 y yo el tema 2, –dijo en medio de sus carcajadas. –Vean ustedes cómo yo entendía sobre la materia que no pude ni siquiera distinguir que se trataba de preguntas diferentes de las mías.

Todos nos reímos de esa experiencia y recordamos algunas travesuras que habíamos vivido en complicidad durante esos años. Volvimos a ser niños, al menos durante un instante.

Finalizamos el primer año del MBA en medio de un estallido social que provocó la caída del presidente Fernando de la Rúa, que había asumido 740 días atrás. El aumento de los impuestos, el "corralito" bancario que impedía retirar dinero libremente de las cuentas bancarias, las sucesivas renuncias de integrantes de su gabinete y la paralización de la economía sumados a la falta de apoyo político, entre otros factores, fueron causantes de su renuncia. Entre el 19 y el 20 de diciembre de 2001 el país vivió momentos de saqueos y violencia generalizada que dejaron un lamentable saldo de 25 personas muertas y más de 400 heridas.

Mientras cursábamos el segundo y último año de MBA, la Argentina buscaba retomar la estabilidad política y económica en un año en el que tuvimos cuatro presidentes. El curso terminó y nos organizamos para autoagasajarnos con un paseo en barco en el que brindamos por nuestro brillante futuro profesional, algo que todos pensábamos que nos esperaba, a pesar de la incertidumbre que reinaba en el país. A algunos les llegó, a otros, no tanto. Lo cierto es que con un grupo de aproximadamente 15 maestrandos nos mantuvimos en contacto y con algunos estreché una cálida amistad que aún perdura.

Las clases de Pablo Quebeć despertaron mi interés sobre las nuevas formas de organización empresarial en la Argentina, y en mi tesis abordé ese tema, lo que me acercó más aún al mundo de los agronegocios. A partir del año 2002, y luego de una profunda crisis económica, se produjo un cambio en el modelo económico vigente que anuló la ley de convertibilidad y liberó el tipo de cambio. La salida de la convertibilidad, con la consecuente devaluación del peso, generó un abaratamiento de la mano de obra con un cambio en la rentabilidad relativa, que dio lugar a un proceso de expansión económica que recuperó los efectos negativos de la crisis precedente.

En nuestro establecimiento continuábamos la agricultura con el sistema de siembra directa. Las campañas agrícolas combinan la producción de cereales, como el trigo, y las oleaginosas, como el girasol, el maíz y la soja. Para la actividad ganadera se implementó un sistema de pastoreo rotativo intensivo y se construyó un corral para terminación de los animales, suplementando la alimentación con maíz grano y planta, extraídos de la misma propiedad. Luego, el alza de los precios del maíz destinado a alimentar el ganado, sumado al congelamiento del precio de la carne, tornaron deficitaria la actividad de engorde, de modo que solo se conservó el plantel de cría.

–Sabes Sofía, una forma de generar valor agregado y aumentar la competitividad de nuestra empresa es buscar producciones integradas, –comentó Rafael mientras contemplábamos el atardecer en la galería del chalé del campo.

–¿Cómo?, –pregunté.

–Integrando las producciones de nuestro establecimiento buscando un ciclo económico de "externalidad" positiva; por ejemplo, con apicultura, nuestra nueva unidad de negocios, –me explicó.

–Ummm… para mí la apicultura es otra unidad productiva, ¿en qué se integra con las demás?, –indagué.

–Las abejas al polinizar las flores de las praderas y las huertas destinadas a la alimentación del ganado, aumentan el rendimiento de esas actividades y, además producen miel que podemos comercializar.

–También estoy pensando abrir otra unidad de negocios de la que escuché hablar recientemente y que se integra con la apicultura, –agregó Rafael, –la helicicultura.

–¿Qué es eso?, – pregunté desconfiada, recordando las épocas en las que intentamos criar ñandúes y los gatos se comieron a las pobres crías que nacieron de los huevos que recolectamos en el campo.

–Es la cría y el engorde de caracoles. Estuve estudiando la posibilidad de implantar 2 hectáreas de cría y engorde "a campo" de la especie *Helix Aspersa*. Parece que es la que mejor se adapta para la producción, por su rusticidad y resistencia a la cría en cautiverio, –completó.

Rafael tenía razón. La cría de caracoles parecía ser una moda, en ese momento. Luego de finalizar mi tesis en el MBA sobre los nuevos modos de organización empresarial en el sector agropecuario argentino, me inscribí en la Maestría de Agronegocios y Alimentos de la UBA. Cursaba solo los seminarios específicos de la actividad, que no había visto en el MBA y, lo más importante, me relacioné con más personas vinculadas con la actividad agro–pecuaria–industrial. Allí pude observar de cerca el interés por nuevas actividades, como el cultivo de arándanos, de hierbas aromáticas, la lombricultura y la helicicultura. Esta última actividad, como una alternativa de negocio orientada hacia el mercado externo, fue una opción muy difundida por medio de cursos y disertaciones sobre el tema. En muchos casos divulgaban informaciones contradictorias, sin sustentación científica o empírica, así se produjo la entrada de inversores en una actividad con alta incertidumbre, de una manera desordenada, con consecuencias frustrantes para muchos.

Decidí, entonces, proponer como tema de mi tesis el estudio de la cría de caracoles en la Argentina, como una alternativa innovadora de agronegocios. Descubrí que desde el año 2003 una compañía de capital argentino establecida en la provincia de Córdoba, comercializaba un proyecto de inversión para la cría de caracoles en la Argentina que, en el momento de su lanzamiento, contaba con el apoyo del *Istituto Internazionale di Elicicoltura* (IIE) de Cherasco, Italia. El objetivo del proyecto, calculado sobre la base de un criadero con 1 a 2 hectáreas de superficie con una inversión estimada entre 25.000 y 30.000 euros por hectárea, era constituir una red de criaderos para alcanzar, en un plazo de 3 años, un volumen mínimo de producción que le permitiera ingresar en el mercado europeo.

La empresa ofrecía el apoyo del IIE para garantizar el estándar de calidad requerido, un contrato de compra de la producción obtenida en el criadero y el asesoramiento para la selección, montaje y supervisión de los criaderos participantes. La relación se formalizaba a través de un contrato entre el inversor y la empresa argentina. El contrato preveía la obligación, por parte del inversor, a efectuar los aportes de dinero de acuerdo con el cronograma establecido por el estudio de factibilidad realizado para esos fines; la obligación de comprar la red "antifuga" italiana que proveía el IIE y tenía la opción de vender la producción que obtuviera (sin garantías de productividad) de forma independiente o por intermedio de la empresa contratada a la cual se le abonaría una comisión de venta.

Luego de dos años de estudio, de la observación empírica del avance del proyecto de Rafael y de un viaje a Italia, para verificar la experiencia de los europeos en la misma actividad, las conclusiones no fueron muy halagüeñas. Una visita al IIE de Cherasco, en Italia, en julio de 2004 para entrevistar a su presidente el Dr. Avagnina, permitió corroborar que el acuerdo que mantenía con la empresa argentina no tenía la solidez necesaria para considerarlo un contrato con garantías suficientes de aprovisionamiento a mediano plazo.

Además, en la práctica, los caracoles no se reprodujeron con la regularidad que se esperaba y no se pudieron mantener los contratos de exportación. Como unidad de negocios se discontinuó, pero abrió la posibilidad a otra producción: la canola, que plantábamos para servir de alimento a los caracoles. Rápidamente descubrimos que el grano de la canola podía ser comercializado o, mejor aún, prensado en frío para producir aceite extra virgen.

Este es un ejemplo muy concreto de la importancia y el valor de fracasar cuando se emprende. No solo por vencer la aversión al riesgo sino por redoblar esfuerzos y volver a enfocarse en la oportunidad que siempre aparece después de un fracaso, o incluso motivada por él.

No fue necesario incentivar a un ingeniero industrial para que construyera una fábrica. En pocos meses Rafael realizó su sueño de integrar las producciones del campo agregándoles valor. Así nació el aceite de canola Krol, que nos hizo merecedores del premio a la excelencia agropecuaria y a una cierta "fama" de empresa innovadora, que despertó el interés de los medios de comunicación.

Años después en una entrevista radial, yo misma estaría respondiendo preguntas sobre cómo fue posible el lanzamiento del aceite de canola en la Argentina.

Segunda Parte

En esta Segunda Parte la vida académica de los personajes se complementa con la vida empresarial; en el proceso de aprendizaje se conecta la teoría con la práctica, de modo que no se "conoce más"; se "conoce diferente". Los estudios conducen a diferentes países y los viajes conducen a diferentes experiencias de las que emergen propósitos más cercanos a los "sueños" o a las ilusiones que motivan el proyecto de armar una organización para la producción de alimentos en Kenia.

En la etapa de preparación previa a la implantación del proyecto que se narra en esta parte, los protagonistas escuchan muchas opiniones y se preguntan: ¿hay que escuchar a todos por igual?, ¿todas las opiniones merecen la misma consideración? Evidentemente, no. Es necesario escuchar a todos, pero también escuchar diferente y la consideración o el respeto que merezcan las opiniones se relacionan directamente con la confianza que nos merezca quien las emite.

El desafío de tener que implementar un proyecto en un lugar culturalmente muy distinto al conocido, lleva a la búsqueda de nuevos conocimientos sobre lo desconocido. Mueve a reducir la incertidumbre en la búsqueda de respuestas a preguntas como: ¿Qué actitud es más conveniente?, ¿cómo espera el otro que me comporte?, ¿expreso o reprimo mis emociones? Preguntas que tienen un denominador común: ¿cómo se traduce el conocimiento implícito que desarrollamos en una cultura cuando cambiamos a otra tan distinta? Lo que damos por sentado entre "conocidos" requiere ser puesto en duda permanentemente cuando enfrente tenemos a un "extraño".

Tal vez este es el ámbito en el que el *management* requiere el auxilio de otras disciplinas para enfrentarse con la problemática de las diferencias culturales. Estas son algunas de las oportunidades de estudiar Antropología, Psicología o Sociología, entre otras disciplinas, para conocer mejor al otro y acercar las diferencias culturales. Un comportamiento adecuado a lo que espera el otro es: ¿hipocresía o consideración hacia sus sentimientos? La Tercera Parte aborda algunas situaciones en las que se "mueven" diversas posibilidades de "respuesta" a la pregunta planteada.

Capítulo 7

Vacaciones académicas

Experimentando la diversidad cultural

¿Qué significa ser "ciudadano del mundo"? Permanecer un período prolongado (tres meses o más) en el mismo lugar nos permite "adueñarnos" del medio y afincarnos como "locales". Es algo intermedio entre el turista, que solo está de paso y el residente que permanece en el lugar. Conocemos a los vecinos, vamos a las mismas tiendas, no nos perdemos en la región en la que vivimos y, si hablamos el idioma local, nos mimetizamos aún más con el medio que nos rodea. Esta parte refiere a cambios personales, no empresariales. Pero la toma de decisiones empresariales siempre tiene como fondo un horizonte de experiencias personales a las que se debe prestar mucha atención. Es importante observar los cambios que se producen en nuestro interior cuando viajamos, permanecemos fuera de nuestro medio ambiente y conocemos personas en forma casual pero que "causan" cambios en nuestras vidas.

De todas la Universidades con sede en la Ciudad de Buenos Aires, puede decirse que la Pontificia Universidad Católica Argentina (UCA) es la que está localizada en uno de los lugares más elegantes:

Puerto Madero. Los seminarios del Doctorado en Administración se cursaban en un edificio frente a los canales del antiguo puerto y, desde el cuarto piso, la vista era mágica, especialmente a la noche bajo un cielo que dejaba atrás la ciudad de enormes edificios y en esa zona más baja y no tan iluminada hacía más visibles algunas estrellas.

Esa tarde-noche comenzaba un nuevo seminario intensivo que sería dictado por un profesor invitado de España, de la Universidad de Navarra (UNAV). Llegué antes y esperé junto a la ventana, observando la superficie del agua del canal mientras tomaba un café.

–Hola, –escuché decir atrás de mí. Giré y encontré a una sonriente colega cuyo rostro creí reconocer.

–Hola, –respondí.

–Soy Carla Osorio y creo que fuimos compañeras del seminario anterior, –se presentó.

–Sí, es verdad, –respondí recordando por qué me resultaba familiar, –ahora me acuerdo, es que en ese seminario había mucha gente, inclusive personas invitadas que no cursan el doctorado ¿Estás inscripta en el doctorado, verdad?, –le pregunté.

–Sí, estoy en el primer año, ¿y tú?

–También.

–¿En qué Universidad te graduaste?, –me preguntó.

–En la Facultad de Ciencias Económicas de la Universidad de Buenos Aires (UBA), –respondí.

–¡Yo también!, –exclamó feliz, como si hubiese reencontrado a una hermana.

–Creo que somos las únicas inscriptas en el doctorado que nos graduamos en la UBA. Estuve averiguando y los otros colegas son todos docentes y graduados de esta casa, –agregó.

Entendí por qué se había alegrado al saber que yo era egresada de la misma Universidad, por lo menos una década antes que ella. Igual no parecía que eso la detuviese, se percibía una clara intención de generar complicidad entre nosotras.

–Yo hice un posgrado en Londres, luego regresé y me decidí por este doctorado porque en nuestra Universidad los trámites para ingresar son muy lentos. ¿Y tú?, ¿este es tu primer posgrado?, –quiso saber Carla.

–No, ya hice dos Maestrías antes, en la UBA, –respondí.

–¿Y por qué te anotaste en este doctorado?

–En realidad un colega y amigo docente de la UBA, que dicta un seminario de doctorado aquí, en esta Universidad, me lo recomendó, –le comenté, esperando poder corroborar favorablemente su recomendación.

–Ahhh… al menos conoces alguien aquí, yo no conozco a nadie, y con un gesto me indicó que la clase iba a comenzar.

El seminario que dictaba el profesor Oscar Alfonso Echeverría y Ortega lo habían denominado Administración Avanzada, pero en realidad, se trataba de una revisión histórica de las teorías económicas y el sentido que le otorgaban a la empresa y al rol del directivo. El enfoque era novedoso y el poder de síntesis y erudición para resumir la historia del pensamiento económico que mostró Oscar Alfonso fue magistral.

Cuando terminó su clase comentó sobre un nuevo doctorado que había comenzado a funcionar el año anterior en su Universidad, en Navarra. Él formaba parte del Comité Académico. Recuerdo con nitidez sus comentarios en los que exponía la necesidad de abordar la empresa desde un ámbito multidisciplinario. Así lo hacían en los seminarios en los que antropólogos, filósofos, economistas e historiadores abordaban las diversas problemáticas que se enfrentan en el mundo empresario.

No fue necesario que nos invitara a participar. Cuando el viernes de esa semana terminó el seminario pedí una entrevista con el profesor Oscar Alfonso para que me diera más detalles sobre los seminarios que yo tanto había buscado infructuosamente en Buenos Aires. Como en junio de ese año viajaríamos a Europa, y en general hacíamos escala en Barcelona donde nuestra hija Carol cursaba un MBA, vislumbré una posibilidad de satisfacer mis inquietudes. Me despedí de Oscar Alfonso con la promesa de reencontrarnos unos meses después en Pamplona.

–No conozco Pamplona, –dijo mi hija cuando le comenté sobre el encuentro con el profesor Oscar Alfonso.

–¿La quieres conocer?, –le pregunté. Podríamos organizar unas vacaciones por el norte de España que es muy bonito y, además, es la tierra de tus abuelos por parte de mi papá.

–Sí, me gusta la idea, –respondió Carol.

Ni bien llegamos a Barcelona nos reunimos con nuestra hija, alquilamos un coche y partimos rumbo a Pamplona. Era junio, hacía mucho calor y las Universidades ya estaban preparándose para el período de receso de verano. El profesor Oscar Alfonso me esperaba en su despacho y allí conversamos sobre el programa de doctorado. Había que cursar ocho seminarios presenciales, en un período de seis meses, y luego elaborar un trabajo de investigación y aprobarlo para poder inscribirse en el doctorado. Ninguno de los diplomas que yo tenía era reconocido en la Comunidad Europea.

Me despedí de Oscar Alfonso, pensando en la carga de tiempo y estudios que esa propuesta me demandaría. Recorrimos el maravilloso parque de la Universidad y continuamos con nuestras vacaciones.

Regresamos, y no pude dejar de pensar en las propuestas de Oscar Alfonso. No sabía por qué, pero sentía una enorme atracción y motivación para realizarlo, aun cuando significaba un esfuerzo adicional importante.

–Rafa, quisiera comentarte algo, –dije en esa tarde otoñal del mes de octubre. –Hice algunas gestiones en la UNAV y logré que me permitan cursar los seminarios del segundo trimestre a distancia.

–No entiendo, ¿qué tienes en mente ahora?, –me preguntó con aire desconfiado.

–Tú sabes cuánto me gustaría cursar los seminarios del doctorado en la UNAV. Son muy diferentes a todo lo que hice hasta ahora. Ciertamente la propuesta tiende a abrir la perspectiva de quienes gobiernan organizaciones. Quisiera ir a España y cursarlos, –resumí.

–¿Estás intentando decirme que dejarás todo aquí, tu familia, tus clases, la empresa, para irte a estudiar durante seis meses a España?, –dijo ya con tono definitivamente enojado.

–No, es lo que intento explicarte, –dije en tono conciliador. –Como hacia fines de este año terminaré los seminarios de doctorado en la Argentina y, además, tengo compromisos con la docencia, conseguí que abrieran una excepción y me permitieran cursar solo durante tres meses. Un poco menos, –me apuré a decir.

–En realidad las clases comienzan la primera semana de enero y terminan en la segunda semana de marzo. Eso daría dos meses y medio. En esa época nuestra hija menor viaja de vacaciones, en el campo no hay mucha actividad y lo mismo ocurre en la empresa. Es un período de vacaciones aquí en la Argentina y yo pensaba que tú me podrías acompañar, –concluí cuidadosamente.

–Hummm… ¿y qué haré yo en Pamplona?, –me preguntó Rafael para mi alegría, porque eso significaba que ya se proyectaba en un viaje conmigo por dos meses y medio.

–Podrías dar clases como profesor invitado. También hay otra Universidad en Pamplona que tiene una Facultad de Agronomía. Podrías acercarte a ellos, –respondí.

–No sé,… es mucho tiempo. Nunca nos ausentamos por tanto tiempo.

—Quizás nos guste la experiencia y la repitamos varios años más, – agregué risueña.

Ese último comentario terminó siendo, en parte, profético. Rafael decidió acompañarme y pasamos en Navarra uno de los períodos más felices de nuestra vida en común. Los años que siguieron, repetimos las estadías prolongadas que nos daban como una nueva vida; nos tornábamos ciudadanos de los lugares en los que permanecíamos, porque conocíamos al vecindario y hacíamos nuevos amigos. Dejábamos de ser turistas para convertirnos en "locales". Cracovia, Ámsterdam y luego Nairobi fueron nuestros destinos posteriores.

A partir del momento en que inicié los seminarios en la UNAV, más allá del destino final que tuviéramos, era una rutina, al menos una vez por año, hacer una parada por unos días en Pamplona. En esas ocasiones reveíamos a nuestros amigos y yo aprovechaba para avanzar con mi trabajo de tesis doctoral.

En el programa de maestría y doctorado de la UNAV, un viernes al mes, los participantes recibían la visita de alguna personalidad del mundo empresario y se organizaban coloquios. En ellos los invitados presentaban temas de actualidad que luego se debatían en una sesión plenaria. A uno de esos viernes fue invitado Rafael como conferencista, y el tema que abordó fueron los cambios tecnológicos en el sector agropecuario argentino y su revolucionario impacto en la productividad del sector.

—Buenas tardes. Es en gusto estar nuevamente en la UNAV y agradezco a las autoridades del doctorado haberme honrado con la invitación a participar de este Coloquio, –saludó Rafael.

—Seguramente ya descubrieron por mi acento que vengo de la Argentina. Esta tarde me propongo presentarles una radiografía del sector agropecuario de nuestro país en el siglo XXI, –continuó.

—Desde ya les anticipo que los cambios que se consolidaron en la década de 1990 incidieron profundamente en los modos de interacción social y trajeron como consecuencia, entre otras, una concentración de las actividades y, más importante aún, generaron una concentración del negocio en menos actores.

En otras palabras: muchas hectáreas en pocas manos.

–En el pasado, en la Argentina (como lo es actualmente en Europa) la posesión de la tierra es el factor determinante de la producción, –explicó Rafael.

–Actualmente la producción agraria argentina se organiza por medio del sistema de redes, conformado por las empresas productoras, sus proveedores y clientes, los distintos actores del entorno y las interacciones entre sí. En una red los objetivos de cada agente participante, es decir, de empresas, instituciones, individuos, profesionales, gremios, etcétera, convergen en uno solo, –dijo Rafael ante un auditorio que mostraba quizás poco conocimiento sobre el tema, pero sí mucho interés.

–Las características del modelo actual que se observa en la Argentina son, entre otras, las siguientes, –dijo Rafael mientras escribía en la pizarra.

- Tendencia creciente de empresas que trabajan el campo. Esto trae aparejados dos fenómenos: la disminución de la población representada por el campesino tradicional y el aumento en la cantidad de gente vinculada con el campo.

- Mayor complejidad del desarrollo productivo, ya que actualmente la calidad en el producto vale tanto o más que la cantidad.

- Nacimiento de instituciones sin fines de lucro dedicadas a fomentar la innovación, por ejemplo, la Asociación Maíz Argentino (MAIZAR).

- Aumento de la modalidad de los *pools* de siembra.

–La masiva adopción del paquete tecnológico permitió la implantación del "doble cultivo", es decir, la posibilidad de sembrar dos cultivos, trigo-soja, en una campaña agrícola. Este modelo permitió la incorporación de tierras marginales, es decir, no pampeanas. Este avance territorial estuvo encabezado fundamentalmente por productores, denominados genéricamente "contratistas", es decir, los que no son dueños de la tierra, sino que la arriendan, –explicó Rafael.

–De acuerdo con los datos del último Censo Nacional Agropecuario del que disponemos –que es el del año 2002– alrededor de dos tercios de las actividades económicas en el sector son efectuadas por unidades económicas diferentes a los propietarios, –agregó causando un murmullo de comentarios admirados por los datos que exponía.

–¿Cómo se articula la Argentina en el escenario internacional?, –continuó Rafael dirigiéndose una vez más hacia la pizarra.

–Argentina es:

- Primera exportadora mundial de productos derivados de la soja (harina y aceite de soja)
- Primera exportadora de aceite de girasol
- Segunda en el *ranking* mundial de exportadores de maíz

–Como podrán apreciar el sector agropecuario argentino se preocupó en innovar y en mantener su competitividad alta. Reinvirtió las ganancias en maquinarias y tecnologías que le permitió alcanzar una producción global cercana a los 100 millones de toneladas de granos, hecho que le otorga un relevante papel en el ámbito internacional, –dijo Rafael a modo de resumen.

–Además el sector presenta una fisonomía en la cual se tornan más difusos los límites entre las actividades agrícola y ganadera, y se les incorpora la industria procesadora de alimentos, configurando una compleja trama de relaciones "interorganizacionales", –complementó.

El resto de la exposición Rafael lo dedicó a presentar brevemente las principales innovaciones tecnológicas del sector, responsables en gran parte por su transformación y competitividad. A modo de resumen de los hechos más relevantes de su exposición, Rafael elaboró un cuadro en la pizarra, –muy similar al que mi colega Diego había diseñado el día en que intentó resumir 110 años de historia del sector– y luego se abrió la sesión de preguntas.

–Usted dijo que un *pool* de siembra es una forma de maximizar el negocio agropecuario utilizando el aumento de la escala agropecuaria, ¿esto no significa que se tiende a formar monopolios en el sector?, –preguntó un participante.

–No. Se logra escala de producción pero sin interferir ni en la propiedad de la tierra, que continúa en manos de los propietarios originales, ni en la concentración de la comercialización de los granos, –respondió Rafael.

–¿Cuál es el rol del Estado en lo que refiere a los cambios tecnológicos que se produjeron en el sector, ¿los promovió?, ¿el sector agropecuario recibió incentivos económicos o financieros para lograrlos?, –indagó otro participante.

–Más del 40 % de los recursos tributarios recaudados por el Estado –en sus tres niveles, nacional, provincial y municipal– es aportado por la cadena agroindustrial,–respondió Rafael.

–Esa es la única participación que tiene el Estado en los agronegocios, –agregó irónicamente– recaudar más impuestos.

–El sector agropecuario fue un importante protagonista de la recuperación y el crecimiento, beneficiado además por los altos precios internacionales de los alimentos que se registraron al inicio del siglo XXI, principalmente de la soja, del maíz y del trigo,–continuó Rafael.

–Estos altos precios impulsaron al Gobierno Nacional a volver a fijar impuestos a las exportaciones (retenciones) sobre diversos tipos de granos, carnes y lácteos, y con diferentes alícuotas. El discurso oficial para justificar la medida sostiene que el impuesto no solamente atiende al afán fiscal recaudatorio sino que representa una política para bajar los precios de los productos en el mercado interno, –finalizó provocando un murmullo en la audiencia, compuesta en la mayor parte por economistas que no compartían la lógica del discurso oficial del gobierno argentino.

Ese era justamente el tema de mi tesis doctoral. Los incrementos escalonados de las alícuotas del impuesto a las exportaciones fueron, entre otras cosas, la causa del gran conflicto que se desató en marzo de 2008 entre el Gobierno y el sector agrario. En mi trabajo estudiaba la escasa representatividad política que evidenciaba el sector. Parecería que, en la medida en que crecía el foco hacia los aspectos económicos del negocio, decrecía el interés por los aspectos políticos. El diálogo gobierno-sector, por lo menos hasta el momento en que estalló el conflicto que evidenció la crisis de representatividad en 2008, ocurría de modo individual, no colectivo, es decir, que el Gobierno llamaba a determinadas empresas para negociar aisladamente.

El Coloquio finalizó en el horario previsto pero algunos participantes tenían consultas o comentarios para hacer, de modo que salimos a tomar un café y allí prolongamos el encuentro. Fue así como conocimos a Mwaria Rutu quien al salir nos dijo: "esto es lo que precisamos en mi país para salir de la pobreza y eliminar el hambre de la población". Quedamos en encontrarnos el lunes siguiente para continuar conversando. Sus palabras despertaron un interés especial en Rafael y en mí también.

Mwaria, un keniano de la tribu kikuyu de aproximadamente 42 años de edad, había sido director del MBA en una Universidad privada en Kenya y estaba en Pamplona cursando los mismos seminarios de doctorado que yo había cursado unos años atrás. El lunes 8 de marzo de 2010 tuvimos nuestro primer encuentro con ese hombre de estatura mediana, delgado, con una risa amplia, blanca y contagiosa, y allí mismo nuestro futuro empezó a cambiar. Mwaria pensaba que lo ideal era llevar para Kenia el modelo de funcionamiento de los agronegocios en la Argentina, y los primeros pasos podrían ser el armado de un seminario sobre agronegocios.

Regresamos a la Argentina y continué escribiéndome con Mwaria con la intención de diseñar un seminario de una semana de duración. Él continuaba en Pamplona, y su tiempo para dedicarle al proyecto era escaso.

Así fue como tomé una decisión que a primera vista parecía insignificante y que, nuevamente, tuvo repercusiones en los años venideros. Retomando el hábito de ausentarnos por períodos prolongados –que habíamos adquirido desde que inicié el doctorado en Pamplona–, para el verano de 2011 planeamos un viaje por Lejano Oriente de un poco más de un mes de duración. Con partida de Singapur, visitaríamos Tailandia, Corea, Vietnam, China, Rusia y Japón. En la mayoría de las ciudades teníamos contactos de negocios para exportar el aceite de canola, arreglados por las respectivas embajadas argentinas en los diferentes países de nuestro itinerario. Volábamos por South African Airways que salía de Buenos Aires con destino a Singapur y con escala en Johannesburgo.

–Rafa tengo una idea –le dije, unas semanas antes de embarcarnos para Singapur.

–¿Qué tal si abrimos el pasaje en Johannesburgo y hacemos un viajecito a Kenia, para visitar a Mwaria Rutu?, –pregunté sin muchas esperanzas de una respuesta positiva.

–Humm… podríamos definir un poco mejor el seminario y la colaboración que podríamos dar a los kenianos, que Mwaria nos pidió, –respondió.

–¡Exacto!, –dije encantada con la idea de volver a Kenia, –ya mismo le escribiré para que organice aunque sea un seminario de un día para divulgar nuestro modo de producción en la Argentina.

–Sí, –dijo Rafael –además pídele que nos organice algunas visitas al campo para ver cómo y qué producen. También podríamos visitar alguna agroindustria, –agregó, entusiasmado.

Así se lo comenté a Mwaria, que accedió encantado a preparar una agenda para visitar algunas tierras productivas, algunas fábricas de alimentos y para dar una charla de algunas horas. Como continuaba en Pamplona dejó todas las labores previas a cargo del Decano que lo sustituía y de su asistente.

No conté con que la distancia entre Johannesburgo y Nairobi eran 5 horas de vuelo, y que poner en práctica mi plan significaba extender nuestro viaje, al menos unos diez días más. Algunos años atrás habíamos visitado Kenia y Tanzania con una excursión turística que incluía safaris fotográficos en los principales parques nacionales de la región. El 28 de enero de 2011 pusimos los pies por segunda vez, (y ciertamente no sería la última) en suelo keniano.

Capítulo 8
De regreso en Kenia, negocios y terremoto

Viajes y negocios… torbellinos y tsunamis

Los viajes "atraen" más viajes. Es curioso cómo cuando planeamos un viaje de vacaciones intentamos conocer la mayor cantidad de lugares posibles en el menor tiempo y cuando viajamos por cuestiones profesionales nos concentramos exclusivamente en el lugar de destino. Si viajamos por un congreso o una feria de exposiciones, en general, recorremos los alrededores del lugar en el que se desarrollan las actividades principales a las que asistimos sin alejarnos demasiado. En esta parte se inicia la aventura empresarial en Kenia con un viaje no planeado. Si queremos que ocurra algo nuevo, es necesario siempre promover lo inesperado. Contrariando el hábito de los viajes de negocios, que abordan puntualmente los lugares de destino, en este caso el viaje a Kenia fue agregado al viaje comercial por el Sudeste asiático. Así resultó el inicio de un proyecto de agronegocios en África.

A pesar de coordinar nuestra agenda a la distancia Mwaria Rutu logró que estuviéramos bien ocupados durante nuestra breve estadía. Decidimos hospedarnos en un hotel (no en un *apart* hotel) porque permaneceríamos pocos días. Llegamos un viernes por la noche y en el aeropuerto nos esperó el asistente del Decano, quien nos llevó hasta el hotel y nos dejó con una hoja en la que se describía la programación de actividades durante nuestra estadía.

–¿Qué me dices de la agenda que nos prepararon?, –pregunté, sentada junto a la ventana de nuestra habitación, luego de desarmar mi valija. Estaba sorprendida y alegre porque sentía que Mwaria había hecho un buen trabajo.

–No la vi aún, –respondió Rafael mientras colgaba su ropa en el armario.

–Te cuento:

- Lunes a las 8:00 salida para visitar el campo del Honorable Dr. Njenga Karume y su fábrica de té.

- Martes salida a las 9:00 para visitar la mayor fábrica de lacticinios del país.

- Miércoles a las 12:00 encuentro en la Embajada Argentina y luego, a las 14:00, almuerzo.

- Jueves a las 10:00 visita y luego almuerzo en la Universidad.

- Viernes a las 12:00 nuevamente almuerzo en la Universidad y de las 14:00 a las 17:30 dictaremos el seminario *Networking in Agribusiness*.

- Sábado safari y por la noche cena en Carnivore.

- Domingo a las 7:00 partida hacia el aeropuerto.

–Está muy bien ¿no? y además, volveremos al Carnivore, aquel restaurante que tanto nos gustó cuando vinimos por primera vez a Kenia, ¿recuerdas?, –le pregunté a Rafael.

–¿Qué significa "Honorable"?, –me respondió Rafael, aún ocupado con su ropa.

–¿A qué te refieres?

–Al Honorable que visitaremos el lunes, –dijo Rafael.

–No lo sé, pero ya lo busco en internet, –dije contemplando las escasas luces que se veían desde la ventana del hotel, mientras esperaba que mi *notebook* se conectara.

–Parece que le llaman "Honorable" a quien forma o formó parte del parlamento. Mira, aquí encontré una nota sobre el dueño del campo que vamos a visitar. Te la traduzco, –propuse.

> "En 1976 un importante empresario y Miembro del Parlamento desde 1974, Njenga Karume se unió a otros políticos y hombres de negocio locales, entre otros Kihika Kimani y Paul Ngei, para conformar el Movimiento de Cambio Institucional, con el propósito de que el Vicepresidente Daniel Apar Moi (un no–Kikuyu), no suceda al presidente Kenyatta. El movimiento no prosperó y cuando Kenyatta murió en 1978, le sucedió Moi, miembro de la tribu Kalenjin que mantuvo la moderación política y económica".

–Buen comienzo de semana nos espera, –dijo Rafael –al más alto nivel.

Cenamos algo liviano en el hotel y nos fuimos a descansar. El fin de semana paseamos por el centro de Nairobi, que no habíamos tenido oportunidad de recorrer en el primer viaje. El lunes el asistente del Decano nos fue a buscar al hotel y nos llevó a un punto de encuentro en el que se nos unieron dos personas: una de finanzas y un vicerrector. Así conocimos a los pocos blancos, de habla hispana, que estaban en la Universidad.

Comenzamos la visita por la plantación de maíz. Dos gerentes del establecimiento nos llevaron a recorrer el campo. El cultivo del maíz estaba bastante avanzado, las plantas altas, casi para ser cosechadas. Algo me llamó la atención visualmente en las hileras, las veía irregulares. Me agaché y comprobé lo que me parecía imposible.

—Rafael, ven aquí por favor, –lo llamé discretamente. Él se agachó a mi lado y le pregunté.

–¿Tú notas lo mismo que yo?

–Sí, que las líneas de sembrado son muy irregulares,–me respondió.

–Exactamente, ¿y eso qué significa?, –indagué conociendo la respuesta.

–Que sembraron manualmente, –corroboró Rafael.

Nos levantamos y ambos miramos alrededor. Hasta donde alcanzaba nuestra visión estaba todo sembrado con maíz. El terreno era ligeramente montañoso, por eso resultaba difícil calcular la superficie, pero sin dudas había cientos de hectáreas que habían sido sembradas manualmente. Por un lado, imposible de concebir en el siglo XXI, por otro lado el tamaño de las tierras era equivalente a la oportunidad de aplicar la tecnología que nosotros conocíamos

Cuando estábamos listos para continuar nuestra excursión a la plantación de té, se acercó velozmente un auto negro, con los vidrios totalmente polarizados. Se bajaron dos hombres de gran porte y armados. Miraron a ambos lados del camino y luego abrieron la puerta trasera del vehículo del que descendió un hombre, bajo, regordete y mayor. Era el Honorable dueño de casa. Nos saludó gentilmente y nos dijo que nos esperaba en su casa para almorzar, luego de finalizar la visita.

Seguimos viaje hacia la plantación de té y allí tuvimos la oportunidad de ver cómo un batallón de mujeres cosechaba manualmente. Cargaban una bolsa colgada de sus espaldas y con las dos manos simultáneamente seleccionaban las hojas de té y las lanzaban, por encima de sus hombros, a la bolsa. La velocidad con la que trabajaban demostraba la experiencia acumulada para este tipo de trabajo.

Los gerentes nos llevaron a visitar la fábrica de té construida hace más de 50 años, y luego, todos juntos nos dirigimos a la casa principal donde nos esperaba la esposa del Honorable y su último hijo, un niñito de 4 años vestido muy elegante con un traje oscuro y una camisa blanca. La casa era muy grande y decorada con lo que para nuestro criterio estético parecía ser exceso por la cantidad y el tamaño de los muebles y objetos en su interior. El almuerzo fue muy cordial y quedamos muy agradecidos por haber tenido la oportunidad de observar las costumbres kenianas.

–¿Notaste algo en particular en la disposición de los lugares que determinó el Honorable para que nos sentemos a la mesa?, –le pregunté a Rafael en el camino de regreso.

–No, no noté nada en particular, –respondió.

–Pues yo creo que siguen más o menos los códigos culturales occidentales de ubicar a los invitados de mayor prestigio más próximos al dueño de casa, –comenté.

–Por lógica los que se sientan en el extremo opuesto al anfitrión son los más insignificantes, –agregué con una sonrisa.

–Ah, entiendo. Tú estabas en otro extremo, ¿verdad?, –dijo Rafael también sonriendo.

–Efectivamente, junto con su esposa, que se sentó enfrente de mí y los dos gerentes, a nuestro lado y también enfrentados, –agregué.

–Estuvo muy buena la distribución, así tendría que ser siempre. Las mujeres en una punta y bien lejos de nosotros, los importantes, para que no nos molesten con sus conversaciones banales, –agregó con tono provocador.

–Sí, yo también estoy de acuerdo. Eso nos permite banalmente planificar las maldades que les haremos a nuestros maridos, sin preocuparnos de que nos escuchen, –respondí riendo.

La segunda visita programada fue a la fábrica de lacticinios. Allí solo nos acompañó nuestro guía, el asistente del Decano. Nos recibió el gerente, un keniano, de origen inglés, que trabajaba desde la inauguración de la fábrica en 1993. La empresa pertenece a una familia de empresarios locales que, entre otros negocios, también tienen un banco.

–Nuestra empresa es líder en el mercado del este de África y aquí ustedes pueden apreciar los productos que producimos, –nos dijo el gerente sin ocultar su orgullo.

–Coordinamos la mayor red de tambos y también tenemos la mayor capacidad de almacenaje. Esta planta que vamos a visitar es la más moderna, en términos de equipos, de nuestro país, –agregó.

Nos condujo por toda la planta explicándonos detenidamente el proceso de producción. Tanto Rafael como yo ya lo conocíamos porque las industrias lecheras eran nuestros clientes en Brasil, ya que consumían nuestros productos químicos para tratar el agua de las calderas y de los equipos de refrigeración. La planta no me pareció tan grande.

–¿Qué cantidad de litros de leche diarios procesa esta planta?, –pregunté.

–700.000 litros, –respondió el gerente, lo que corroboró mi impresión. La mayor cooperativa lechera argentina procesa en todo el país 3,8 millones de litros diarios y tiene una planta que procesa 1,5 millones. Para los patrones sudamericanos, esa dimensión es considerada de tamaño mediano.

–¿Y cuántas personas emplean?, –indagué preparándome para escuchar un número grande.

–1.530 personas, –respondió rápidamente el gerente. –Considerando que la cooperativa argentina Sancor emplea aproximadamente 4.000 personas esto nos da una producción promedio de 950 litros diarios por persona. En la fábrica que estábamos visitando la producción diaria por persona empleada caía a 457 litros, casi la mitad.

–Por ahora solo producimos leche refrigerada, leche "larga vida", crema y yogur. Tenemos planes para ampliar la línea de producción, –nos dijo mientras nos conducía hacia el final del proceso.

–Tenemos como misión comprar toda la leche que nos entreguen los propietarios de los tambos con los que mantenemos contratos. Esto nos obliga a ser muy eficientes en el manejo de los recursos humanos y tecnológicos, –agregó llegando al final de la línea de envasado.

Me pareció extraño que en el sector de empaquetado trabajara un equipo de unas 20 mujeres cuya función era introducir frascos de yogur en cajas de cartón que contienen una docena de productos.

–¿Por qué empaquetan manualmente si allí me parece ver una máquina embaladora y empaquetadora?, –indagué curiosa por la respuesta.

–Porque tenemos que dar trabajo a la gente. Estas mujeres forman un equipo que trabaja una vez por semana, hay otros tantos equipos para cada día de la semana. Con lo que ganan con esta jornada de trabajo pueden comprar comida para su familia, –respondió el gerente.

–Nuestra empresa tiene un fin social, por eso precisa adaptar sus procesos a las necesidades y condiciones de la población, –agregó.

Nos despedimos, luego de tomar un té (con leche por supuesto) al finalizar el recorrido por la fábrica. El último comentario del gerente sobre el fin social de su empresa quedó resonando en mi mente. Ciertamente para los empresarios tradicionales una decisión como la que habían tomado en la empresa que visitamos sería impensable. Echarían al gerente por ser improductivo y por no maximizar el beneficio de los accionistas, aumentando los costos de producción. El fin social, en este caso, se imponía sobre el económico algo así como una *B Corp*, compañías que utilizan el poder de los negocios para resolver problemas sociales o ambientales.

Continuamos la semana con algunos encuentros con personal de la Embajada Argentina que nos presentaron posibles interesados en distribuir nuestro aceite y también conocimos el mayor supermercado local, perteneciente a una familia hindú.

Las visitas y las conversaciones con las personas locales nos permitieron formar una impresión más completa de la imagen que recordábamos de nuestro primer viaje, cuando conocimos Kenia como turistas. El viernes, cuando se programó la conferencia, ya teníamos una idea concreta de los aportes que el sistema argentino de producción de alimentos podría otorgar al país.

La mañana del viernes amaneció un poco fresca, para la época del año. Nuestro taxi llegó puntualmente una hora antes porque el tránsito en Nairobi es impredecible. Recorrimos con Rafael el camino a la Universidad casi en silencio, ambos concentrados en nuestros pensamientos.

–Llegamos un poco adelantados para el almuerzo, –dije. –¿Te parece que recorramos un poco los jardines de la Universidad antes de anunciarnos?, –le consulté a Rafael.

–Sí, la verdad que estos días pasamos tan rápido por aquí que no tuvimos tiempo para ver nada, –dijo Rafael.

Hicimos un rodeo a la Escuela de Negocios en la que se iba a dictar la conferencia y a lo lejos percibimos una construcción diferente.

–¿Qué será eso color blanco que se ve al fondo del jardín de la Escuela?, –preguntó Rafael.

–Me parece que es una construcción provisoria, armada para reuniones, como una gran carpa de color blanco. Acerquémonos, –le propuse.

Cuando nos acercamos pudimos comprobar que efectivamente se trataba de un anexo que armaron especialmente para esa ocasión. En el interior había distribuidas algunas mesas altas y sillas, además de la mesa principal cubierta por un mantel blanquísimo en la que un joven distribuía platos y cubiertos. La escena me despertó curiosidad.

−Es admirable como consiguen mantener las cosas tan blancas en un sitio con tanto viento que arrastra tanto polvo, −comenté acercándome al joven que trabajaba en silencio.

−Hujambo, −dije repitiendo el saludo en swahili que me habían enseñado.

−Hujambo bibi, −respondió el joven.

−¿Qué están preparando por aquí?, −le pregunté con una sonrisa que justificara mi curiosidad.

−Hoy habrá un Seminario sobre Agronegocios en la Sala de Conferencias. Hay muchos invitados y aquí estoy preparando las mesas para servir el cóctel al final de la conferencia, −dijo muy solemne.

−Oh, ¡qué bien! Nosotros somos invitados de la Universidad y el profesor Rafael será el conferencista,− agregué señalando a Rafael.

Inmediatamente el joven dejó todo lo que tenía en sus manos para estrechar la mano de Rafael con una sonrisa más amplia aún. Mientras ambos conversaban yo observaba el paisaje y, de repente, me pareció ver ganado en el fondo del parque de la Universidad. Concentré mi atención y, al poco tiempo, se perfiló una figura alta, elegante, vestida con una túnica con colores muy fuertes, sosteniendo un bastón.

−¿Qué es eso que se ve allá en el fondo?, −pregunté. −Parece que hay ganado junto con una persona. −El joven dirigió su mirada hacia donde yo señalaba y dijo:

−Sí, es un Massai que está pastoreando su ganado.

−¿Aquí, en la Universidad?, −pregunté incrédula.

−Sí, para los Massai la tierra es de todos, nadie tiene derechos exclusivos sobre ella. Van a pastorear su ganado donde encuentran comida.

−Espero que no se coman los lindos canteros de flores que tienen ustedes.

–No, no hay peligro. El ganado es selectivo, come los mejores pastos. Además el pastor no los dejaría, los ahuyentaría con su bastón.

El Massai con su ganado en el medio del campus universitario era, sin duda, una escena exótica para nosotros, pero no para las otras personas que circulaban por allí, que simplemente ignoraban al pastor y su ganado.

Nos dirigimos al edificio central, comentando sobre la situación que habíamos observado. Allí nos encontramos con las autoridades de la Universidad con quienes compartimos un ameno almuerzo y luego nos dirigimos a la sala de conferencias.

El seminario tuvo una cantidad de asistentes muy buena: alrededor de 65 personas, y lo más destacable fue lo heterogéneo del auditorio. Participaron funcionarios de organismos públicos, como del Ministerio de Agricultura, gerentes y directivos de empresas privadas vinculadas con los agronegocios, representantes de la Embajada Argentina y representantes de organizaciones no gubernamentales.

Rafael hizo su presentación y luego pasamos a la carpa al aire libre que habíamos visitado por la mañana en los jardines de la Universidad. Allí tuvimos la oportunidad de conocer más de cerca a algunos de los participantes y de escuchar su opinión. La mayoría coincidió con que algunas de las innovaciones tecnológicas que se utilizan en la Argentina, pueden ser llevadas a Kenia. Otros eran un tanto escépticos sobre la posibilidad de introducir cambios en el sistema agropecuario keniano. Regresamos al hotel cansados, pero satisfechos.

–¿Qué te pareció la charla?, –me preguntó Rafael.

–Me gustó, –respondí. –Te expresaste con claridad y a un ritmo que hizo posible que te siguieran. A los participantes les gustaron mucho las imágenes que proyectaste, sobre siembra directa, por ejemplo. Creo que en una próxima presentación podríamos colocar más imágenes, son mejores comunicadoras que nuestras palabras, –dije riendo.

–A veces es difícil expresarse en una lengua extranjera, para ellos también. ¿No te pareció que hubo pocas preguntas?, –quiso saber Rafael.

–Puede ser, pero fueron muy pertinentes y nos dieron mucha información sobre el modo como conciben los agronegocios por aquí – respondí.

–Por ejemplo, cuando preguntaron cómo el sector agropecuario argentino promovió sus cambios "revolucionarios", si tuvo ayuda del Gobierno o no, –agregué recordando que dos personas preguntaron casi lo mismo.

–También me llamó la atención que señalaran los riesgos de alquilar la tierra. Parece que pagan los alquileres por adelantado, y si luego tienen una mala cosecha pierden mucho dinero y se endeudan con los bancos, –dije.

–Creo que ese es un punto crucial en cualquier modelo parecido con el de la Argentina, –reflexionó Rafael: –el problema de disponer de tierras para el cultivo.

Terminamos nuestra estancia en Kenia con la impresión de que había mucho por hacer en el ámbito de los agronegocios. Pensábamos que es posible producir más y mejores alimentos, para una población carente, sin alterar la riqueza de su fauna y flora. Los bellísimos parques nacionales y reservas, una de las cuales visitamos antes de partir, no necesitaban reconvertirse para producir alimentos para una población de 40 millones de personas. Veíamos en Kenia la posibilidad de sembrar en áreas marginales, no explotadas, y con tecnología, aumentar la productividad de la región agrícola por excelencia en el Rift Valley. Por mi parte estaba satisfecha con haber incluido, al viaje programado, esa semana extra en Kenia y me fui con la esperanza de tener la oportunidad de regresar para continuar con algo que se perfilaba como un proyecto novedoso, distinto de cualquier cosa que hubiéramos podido hacer antes, entre educativo y práctico, en el mundo de los agronegocios.

Regresamos a Johannesburgo para dejar África con destino a Asia. Hicimos la gira por Asia, que duró un mes, en barco. Visitamos siete países y 16 ciudades, en algunas de las cuales tuvimos encuentros de negocios programados con la asistencia del Ministerio de Relaciones Exteriores de la Argentina. Comenzamos por Singapur luego visitamos: Bangkok, Saigón, Hanói, Hong Kong, Taipéi, Keelung, Okinawa, Shanghái, Daliang, Pekín, Vladivostok, Hakata, Hiroshima, Osaka y Tokio.

Terminamos nuestras reuniones de trabajo en Tokio, donde permanecimos tres días, y el 11 de marzo, un día fatídico en la historia de los terremotos en Japón, luego de un recorrido matinal por los jardines del Palacio, decidimos tomar el tren bala de regreso a Osaka, para descansar el resto del día y, a la mañana siguiente a las ocho, emprender el regreso a Buenos Aires, vía Kuala Lumpur.

La eficiencia y la pulcritud de los japoneses se puso en evidencia en la terminal de tren, en la que un grupo de empleados atendía a los clientes con guantes blancos y mil reverencias. Tuvimos que tomar una decisión rápida: o nos apurábamos para tomar el tren que partía a las 14:30, o esperábamos un poco más de una hora por el próximo. Nos decidimos por la primera opción. Así fue como embarcamos a las corridas. El tren bala partió, y antes de alcanzar su velocidad máxima paró en una segunda estación de los suburbios de Tokio para cargar más pasajeros.

Nos llamó la atención que luego de cargar a los pasajeros las puertas se cerraron pero el tren no arrancó. De repente sentimos como un balanceo en el tren, como si fuéramos una gran cuna de bebé y una fuerza inmensa nos balanceara. Miramos por las ventanillas y vimos que los carteles de la estación se movían y las personas se sujetaban a las columnas. –¿Es un terremoto?, le preguntamos a nuestro compañero de asiento. –Sí, nos respondió, y de los fuertes.

No se equivocaba. Al principio las autoridades locales clasificaron ese terremoto con una magnitud de 8,6 puntos, luego admitieron que había llegado a 9 puntos en la escala de Richter. Las olas del tsunami que se sucedieron alcanzaron 40,5 metros y barrieron literalmente la costa del Pacífico de la región de Tohoku. El epicentro se localizó en el mar, a aproximadamente 130 kilómetros de la costa y se produjo exactamente a las 14:46:23, hora local.

Nosotros nos manteníamos ajenos a todo lo que ocurría a nuestro alrededor porque no teníamos conexión con internet ni teléfono y todos los anuncios que se hacían en el tren eran solamente en idioma japonés. En nuestro vagón todos los pasajeros eran japoneses que escuchaban y leían las noticias atentamente, pero sin alterarse, ni en el modo de comportarse, ni levantaban el tono de voz cuando hablaban por sus celulares. Eso contribuyó en parte a que no entráramos en pánico.

Luego de media hora de permanecer parados en la estación, le preguntamos nuevamente a nuestro vecino qué estaba ocurriendo y nos dijo que en Tokio se habían producido algunos incendios. En cuanto al servicio de trenes y aeronaves se habían suspendido todos. Nuestro tren, sin embargo, estaba programado para finalizar su recorrido en Osaka, aproximadamente la mitad del recorrido total que hubiera hecho en condiciones normales. Nos avisó que solo había que esperar que varias cuadrillas de empleados de la compañía revisaran los rieles personalmente, es decir, que caminando recorrieran los 505 kilómetros que nos separaban de Osaka para verificar el estado de los rieles. Si todo estaba bien, continuaríamos el viaje.

Se abrieron las puertas y nos permitieron que bajáramos a la estación donde pudimos comprar algo de comida para amenizar la espera de aproximadamente 8 horas. Cuando llegamos a Osaka nos dirigimos inmediatamente al hotel, donde desde muy temprano nos aguardaba una habitación con nuestro equipaje restante acumulado en casi dos meses de viaje.

Cuando vimos las imágenes del desastre que había ocurrido ese viernes 11 de marzo, nos asustamos y llamamos inmediatamente a la Argentina. Había 12 horas de diferencia, de modo que en la Argentina eran aproximadamente las 7 de la mañana, cuando en Japón ya finalizaba el día. Todos estaban muy preocupados por nosotros porque sabían que estábamos en Tokio, ciudad que había sido bastante afectada por el terremoto. No tenían noticias nuestras y aún no se habían divulgado las víctimas, que fueron alrededor de 20.000.

Aun hoy, cuando reveo las imágenes de lo que ocurrió y la amenaza de accidente nuclear que se presentó en la usina de Fukishama, siento escalofríos.

Capítulo 9
Después del tsunami, ¿la paz?

Emprender es una forma de curiosidad

La decisión de enseñar haciendo. Sofía, Rafael y Pablo dictan un seminario sobre agronegocios en Kenia, y la experiencia teórica se transforma en un proyecto de implementación práctica. Aquí se pone en evidencia la importancia de la motivación emprendedora que antecede a los proyectos de negocios. Los números que el *business plan* arroja, por más promisorios que sean no sustituyen el entusiasmo y la curiosidad que motiva a emprender un nuevo desafío profesional.

Regresamos a la Argentina un día después del terremoto y del tsunami que invadió Japón el viernes 11 de marzo de 2011. El lunes a las 7:00 fui a dar clase a los alumnos de Dirección General y tuve la oportunidad de abrir el cuatrimestre con bastantes anécdotas para contar. El año transcurrió con las actividades académica y profesional normales. La carga de trabajo se intensificó en el segundo semestre en el que, a las tareas habituales, se agregaron el casamiento de mi hija en Holanda en junio, y el lanzamiento de mi primer libro previsto para noviembre. La segunda mitad del año, en general, suele venir más cargada de actividades porque se concentran las presentaciones de trabajos en los congresos. Ese año tenía tres trabajos aprobados para presentar entre noviembre y diciembre pero la "hiperactividad" de final de año no me impidió aceptar la propuesta de Mwaria de diseñar un nuevo seminario, esta vez de una semana de duración, para presentar en febrero de 2012.

–Tengo un ofrecimiento para armar un seminario de agronegocios en Kenia, Pablo, –le comenté por teléfono a mi ex profesor Pablo Quebeć con el cual habíamos mantenido contacto después de que él había dirigido mi tesis de MBA.

–¡No lo puedo creer! –Usted además de ser una innovadora emprendedora al estilo "schumpeteriano," –(refiriéndose al economista Joseph Schumpeter que había popularizado el término "destrucción creativa"), –es también una innovadora en la academia, –dijo bromeando.

–¿No se le ocurrió un lugar más convencional para dictar seminarios?, –concluyó.

Ambos nos reímos de lo poco común de la situación y quedamos en encontrarnos para cambiar ideas sobre el contenido que debería incluir la propuesta. Coincidimos con la idea de dar a los participantes una visión global de los agronegocios en el mundo, luego presentar los aspectos regionales (específicamente los casos de Brasil y la Argentina) y finalmente concluir con el caso del aceite de canola, como un ejemplo de agregado de valor a la producción primaria.

Con alegría comprobé que a Pablo le interesaba la propuesta y se disponía a participar, dictando un seminario. Esto me hacía pensar que él también veía la magnitud de la oportunidad que se abría. Se lo propuse a Mwaria con quien intercambiamos muchos correos y elaboramos 16 versiones de agenda hasta consensuar la definitiva. Mwaria manejaba todo esto a distancia, porque estaba terminando su doctorado en España. Del proyecto de seminarios se ocupaban el Decano de la Facultad de Administración, una profesora de Marketing y Recursos Humanos y un asistente. Además en la Universidad habían decidido complementar el seminario con visitas de invitados locales, empresarios y representantes del gobierno que actuaran en el área. Con tantos intermediarios y agendas de posibles participantes era previsible que el cronograma se complicara y que fuera necesario cambiarlo, en la medida en que los candidatos a panelistas desistieran del compromiso.

–¿Qué te parece esta última versión de agenda, Rafael?,–pregunté mostrando la hoja impresa con los cuatro días de clase.

–Está estructurada siguiendo el modelo de organización que ellos tienen para los otros seminarios de día completo (*full day)*: 1) desayuno de media hora, 2) intervalos para café de media hora cada uno, 3) una hora y 45 minutos para el almuerzo…

–¿Y cuándo estudian?, –me interrumpió Rafael risueño.

–Ahora viene la mejor parte. Tienen cuatro clases por día, dos a la mañana y dos a la tarde de una hora y quince minutos cada una. Estas son las clases que impartiríamos nosotros. Luego hay dos sesiones de 45 minutos de duración para lecturas y discusiones de casos, una luego del almuerzo y otra antes de finalizar la jornada, –completé.

–Eso no va a funcionar, –dijo Rafael, tajante.

–¿Qué parte del seminario no va a funcionar?, –intenté precisar.

–La parte de sesiones para lectura. Después del almuerzo, si no comienzas la clase enseguida bombardeándolos con información, se duermen, o peor, se van. Lo mismo ocurre al final de la tarde. No los puedes dejar solos. Si no les das una consigna concreta, se van, –vaticinó Rafael muy seguro de lo que decía.

–Pues te diré que este esquema de horarios lo copié de otros seminarios que tiene la Escuela. Además, yo también sentí curiosidad al respecto de esas "horas para lecturas y discusiones de casos" y me dijeron que son momentos en los que trabajan, a veces en salas separadas, con un coordinador que recorre los grupos de trabajo. Este es un método que se utiliza con frecuencia en las escuelas de negocios. Yo misma lo viví cuando fui al MIT, –expliqué con calma.

–Puede ser que en las escuelas de negocios de los Estados Unidos o Europa, ese sistema funcione. Si ellos son como nosotros, te digo que no va a funcionar, –insistió Rafael.

–Bueno, podemos sumar esos 45 minutos a nuestras clases y tendríamos módulos de dos horas. Lo voy a consultar porque esto puede impactar en el cálculo de costos del programa, –dije con prudencia.

Después de idas y vueltas de correos recibimos por correo electrónico el programa definitivo que había elaborado el asistente del Decano. No se parecía ni un poco a lo que yo les había sugerido durante los meses de trabajo previo, en los que me preocupé en detallar el área de *expertisse* de Pablo, Rafael y mía, además de sugerir un título para cada una de nuestras clases.

–Esta gente se volvió loca, –dijo Rafael. –Mira cómo me distribuyeron las clases, un poquito cada día, ¡yo preciso continuidad, si no, nadie va a entender nada!, –exclamó.

–Sigan ustedes, esto es demasiado para mí. No tengo más paciencia para continuar explicando los contenidos de lo que voy a dar y cuántas horas preciso para hacerlo.

–¡Miren lo que me pusieron a mí!, –dijo Pablo riendo. –¡Tengo que hablar de la agricultura de subsistencia! ¿Qué nuevo modelo de arado o bueyes puedo presentarles?, –continuó jocoso.

–En lo que a mí respecta creo que me asignaron la mejor parte, –dije resignada. –Tengo que abordar el tema de *Indigenous food* y *Food security*. ¿Me pueden explicar cómo puedo yo entender de la alimentación africana y los problemas de hambre en África?

–Se confundieron de conferencista, Sofía, –me calmó Pablo.

–O de conferencia, –repliqué un poco cansada por los malos entendidos.

Algún tiempo después entendimos qué había pasado en la Universidad que causó tantas idas y vueltas con el programa del seminario. Era simple, la persona que había sido destinada a coordinarlo había salido de la organización y los que se hicieron cargo no tenían el histórico de nuestras conversaciones y correos que habíamos intercambiado.

Antes de finalizar el año habíamos llegado a un acuerdo sobre el programa final del seminario, el orden de nuestras presentaciones y la cantidad de horas que cada uno iba a exponer. Nos confirmaron la fecha, del 20 al 23 de febrero y el viernes 24 se cerraría con una sesión plenaria. Con Rafael compramos nuestro pasaje para llegar 10 días antes, para instalarnos y verificar los últimos detalles. Nuestro colega Pablo reservó su viaje para llegar el sábado anterior a la semana del seminario y pensaba quedarse unos días más al finalizar para conocer un poco los alrededores de Nairobi. Así fue como en 2012 viajamos por tercera vez a Kenia.

–Mira, allí hay una persona con un cartel con nuestros nombres, –le dije a Rafael mientras empujaba mi carrito hacia la salida del aeropuerto.

–Hola, me presenté, somos las personas que está esperando, –le dije tendiéndole la mano a un joven simpático, sonriente, de enormes ojos abiertos y vestido impecablemente con una camisa blanca y un traje negro.

–¡Bienvenidos!, Dra. Sofía yo soy la persona con quien usted estuvo correspondiéndose en los últimos meses. Soy Patrick, –se presentó.

–¿Desean que los lleve al alojamiento que les reservó la Universidad?, –nos preguntó mientras nos encaminábamos a su auto.

–Mira, yo lo vi en internet y parece ser un chalé y está un poco alejado de la Universidad. Encontré otro que me pareció más cerca, –dije.
–Si no te parece mal vamos primero allí para ver cómo es.

–Perfecto allí iremos, –respondió Patrick muy solícito.

El lugar era muy bonito, rodeado de plantas y árboles. Tenía varios complejos de departamentos, todos con una pequeña cocina y sala. Pedí uno lo más luminoso posible y nos ofrecieron un departamento muy grande, con dos niveles de dormitorios, un escritorio, una enorme sala con comedor, cocina, dos baños y una terraza con vista a la piscina. La noticia buena fue que el precio era igual al que la Universidad nos había reservado. La noticia mala fue que el departamento estaba en un tercer piso (que equivalía a cinco pisos como los nuestros) y no tenía ascensor.

–Tenemos bastante equipaje porque nos vamos a quedar hasta marzo, ¿nos podrán ayudar a subirlo?, –le preguntó Rafael al gerente, después de haber negociado la tarifa por permanecer seis semanas hospedados.

–Sí, claro ya le pido a los muchachos de la limpieza del jardín que los ayude, –respondió el gerente, y al poco tiempo nos encontramos instalados en nuestro enorme departamento.

Nos despedimos agradeciéndole a Patrick por su compañía y ayuda y decidimos salir para hacer compras y llenar la heladera. Era nuestro tercer viaje a Kenia y a mí ya todo me resultaba familiar. Fuimos caminando hasta el Yaya Shopping Center que estaba al lado del edificio de departamentos del mismo nombre donde también había averiguado sobre el precio de los departamentos. Cuando me informaron que se alquilaban por mes completo, de modo que por seis semanas habría que abonar ocho y, de ese modo, resultaba muy caro.

En el Yaya se podía encontrar todo lo necesario. Está localizado en un barrio donde viven muchos no africanos, es vecino a un colegio francés y en la torre de departamentos solo viven extranjeros. Cargamos los carritos con provisiones y salimos a negociar con los taxis, que en Nairobi no tienen ni reloj ni tarifa predeterminada.

–¿Cuánto nos cobra para llevarnos al *Woodmere Apartments*?, –preguntó Rafael disfrutando del momento de negociación que se aproximaba.

–Hum… –¿El *Woodmere*?, –preguntó el taxista mientras se aproximaban otros tres más que esperaban el resultado de nuestra negociación para ofrecer su precio.

–Dos mil chelines, –nos respondió.

–¡Oh, vamos hombre!, eso es lo que pagamos para venir del aeropuerto hasta aquí, –dijo Rafael sonriendo. –El *Woodmere* está muy cerca. Te pago 200 chelines, –agregó.

–Ok Míster, –gritó el otro taxista que estaba un poco más lejos. –Déme 300 chelines y yo lo llevo, –dijo en el medio de los gritos de sus compañeros que también tenían una oferta.

–Salgamos rápido de aquí, –recomendé, –antes de que comience una batalla por nuestro viaje.

Los días previos a la conferencia los dedicamos a supervisar la lista de participantes y a ajustar los últimos detalles de nuestras presentaciones. Cuando llegó Pablo también se hospedó en un departamento cerca del nuestro. Como nosotros estábamos muy cómodamente instalados y, al disponer de tanto espacio, transformamos nuestro departamento en un sitio de reuniones de trabajo. Así, tuvimos la oportunidad de ir compartiendo esos momentos previos los tres e intercambiar ideas acerca de lo que nos motivaba haber venido: la oportunidad de desarrollar un modelo que conocíamos muy bien en estas tierras tan remotas.

Mwaria Rutu estaba en Nairobi mientras se desarrollaba el seminario. Había regresado y tenía un cúmulo de trabajo pendiente, de modo que no lo veíamos con mucha frecuencia, y tratamos de manejarnos con independencia.

–Finalmente llegó el gran día, –nos saludó Pablo en esa fresca mañana, a las 6:45, cuando salimos juntos en taxi para la primera sesión del seminario.

–Sí, –respondí, –y se los vé muy elegantes, señores profesores.

–Más o menos, –dijo Rafael. –He observado que, en general, los hombres usan trajes oscuros, la mayoría negros. Nosotros con Pablo estamos de gris claro.

–Sí, para combinar con nuestros cabellos grises, –bromeó Pablo.

Llegamos antes de las 7:30, para recibir a los participantes. Nos dirigimos directamente al salón de conferencias donde nos esperaba Patrick y el desayuno.

–¿Ya tienes la lista de los inscriptos?, –le pregunté a Patrick.

–Sí, esta es la versión final, –dijo entregándome una lista con 23 nombres.

–¿Quieren ver la lista?, –les pregunté a Rafael y a Pablo, mientras me instalaba en un sillón para revisarla.

–¡Qué pocos!, –exclamó Rafael después de verla.

–No está mal, –comentó Pablo. –Vamos a trabajar más cómodos con menos ¿Aún quieres agruparlos en equipos de trabajo?, –me preguntó.

–Sí, es bueno hacerlo al principio así se conocen entre sí. Mira, podemos desarmar los grupos que ya vienen armados, así conseguimos una mayor interacción.

–Es verdad, tenemos bastantes que han venido en grupos por la misma empresa, –dijo Pablo.

–Veo al menos cinco grupos que habría que mezclar: 1) los del Ministerio de Agricultura, 2) los del *Board* de café, 3) los de la agencia para el desarrollo del té, 4) los de la red de agricultura orgánica y 5) los de una empresa de agroquímicos, –dije mientras hacía anotaciones en la lista que me había dado Patrick.

Algunos participantes ya habían llegado y se servían el desayuno de la mesa del *buffet*. Al poco tiempo llegó la coordinadora del seminario, entramos a la sala y se dio inicio al seminario puntualmente a las 8:30.

La coordinadora, Lucy, se presentó, les dio la bienvenida a los participantes y leyó una presentación en *Power Point* en la que detallaba el programa cuyo objetivo general era "ayudar a que los agronegocios en los que actuaban los participantes crezcan en productividad y mayor rentabilidad". Nosotros tres (los único blancos en la sala) nos sentamos en asientos laterales, para poder apreciar la expresión de los participantes. Lucy nos presentó como docentes extranjeros y luego les otorgó la palabra a los alumnos que se fueron presentando brevemente en un ejercicio que ocupó una hora. Luego salimos al *coffe break* y nos separamos para conversar con diferentes participantes. Cada uno pudo encontrar un interlocutor muy diferente lo cual después nos permitiría intercambiar impresiones sobre esas charlas breves.

Rafael fue abordado por Pili Neema, un hombre alto y corpulento que había estado en la charla del año anterior; Pablo se dirigió al representante del Ministerio de Agricultura y yo me acerqué a un productor agropecuario con apariencia de filósofo.

–Hola, Cege, escuché que usted se presentó como *farmer*, ¿tiene su campo por aquí cerca?, –le dije aproximándome con mi café en la mano.

–Sí, a no más de una hora manejando, –respondió en el estilo habitual de medir las distancias, en tiempo. La información de la cantidad de kilómetros no dice nada porque todo depende del estado de la carretera.

–¿Y qué produce?, –continué con curiosidad.

–De todo un poco, porotos, maíz, a veces repollo, –me respondió y agregó una pregunta.

–Nos dijeron que ustedes en la Argentina también son productores agropecuarios, ¿cuántos acres tienen?

–2.500 aproximadamente, –respondí.

–Oh, esa es una superficie enorme para nosotros, –dijo. –Aquí un hombre se considera rico si tiene un acre donde plantar maíz y enterrar a sus muertos.

Tiempo después pude comprobar que lo que me decía Cege era parcialmente cierto. La mayoría de la población respondía al perfil que él había descripto, pero también había "latifundios" en manos de propietarios privados.

Si bien teníamos horarios en días específicos para dar nuestras clases, en general, íbamos todos los días. Nos sentábamos entre los alumnos que asistían, observando y participando cuando nos parecía oportuno.

La semana trascurrió con intenso trabajo de nuestra parte porque algunos invitados no comparecieron, ni tampoco avisaron con tiempo suficiente para reemplazarlos, de modo que se produjeron algunos espacios "vacíos" en la programación que tuvimos que completar nosotros con actividades que elaboramos en el momento. Una de ellas fue proponerles a los grupos que organizamos que nos presenten un negocio innovador y que agregue valor a la producción como, por ejemplo, Stevia como edulcorante, la producción de pepinos en conserva y la de mermeladas de frutos exóticos. Les dimos un día para que preparen la presentación y les dijimos que al día siguiente llevaríamos a "inversores" del exterior para evaluar los negocios que nos ofrecerían. Al día siguiente improvisé un traje de árabe, cubriendo el rostro y la cabeza, y mis colegas me presentaron como una "inversora que acababa de llegar de los Emiratos". Fue muy divertido y todos aprendimos mucho con esa experiencia multicultural.

A pesar de la heterogeneidad de la procedencia de los participantes, demostraron un interés común en adquirir nuevos conocimientos y en la avidez con que los incorporaban. Todos, en mayor o menor grado, mostraban una apertura de mente; en algunos casos les costaba creer que es posible que exista otra forma de agronegocios, pero lo aceptaban.

Tomé mi cuaderno de notas y escribí una síntesis de mis impresiones al finalizar el seminario, que titulé: *Algunas peculiaridades con raíces culturales:*

- Mucho apego a la tierra en términos de tenencia, es decir, de poseer o tener los derechos de propiedad sobre la tierra.

- Poseer tierra otorga simbólicamente un estatus de "hombre rico", más allá del hecho de trabajarla u obtener frutos económicos de ella.

- Quien tiene mucha tierra no se preocupa en producir. Quien tiene poca produce para sobrevivir.

- No existe el concepto de acumulación. No se vislumbra la preocupación por sustituir importaciones: por ejemplo, importan mango para producir jugos, cuando la tierra y el clima permiten la producción de la fruta localmente.

- Diversidad de asuntos y organizaciones que intervienen en las preocupaciones como: la mujer indígena, los organismos genéticamente modificados (GMO), el desempleo, el hambre o la seguridad alimentaria.

El sábado siguiente, al finalizar el seminario, nos fuimos los tres, Pablo, Rafael y yo, a pasar el fin de semana en una reserva de animales salvajes en Naivasha. Nosotros ya habíamos hecho antes varios safaris fotográficos: en Sudáfrica, Suazilandia, Tanzania y en la propia Kenia. Para Pablo esta era su primera experiencia, de modo que con Rafael desempeñamos el rol de "guías".

Luego de que Pablo regresara a la Argentina, nosotros hicimos un viaje de una semana a Etiopía, que no conocíamos. Volamos dos horas y diez minutos aproximadamente para Addis Ababa. Pasamos una semana en total y, desde Addis Ababa, realizábamos pequeñas excursiones de dos días de duración al norte y al sur del país para visitar lugares históricos. La experiencia nos resultó impactante, por el contraste de una cultura milenaria con una realidad de extrema pobreza y atraso.

Las comunidades viven en chozas redondas de barro que pudimos visitar por dentro. No tienen agua corriente ni luz eléctrica. Recorren kilómetros (a pie) para buscar agua y transportarla en bidones; los más afortunados tienen un burro para cargarlos. La economía local es de subsistencia, apenas. La tierra parece fértil, el problema es el régimen de lluvias: 3 o 4 meses de lluvia y luego sequía. ¿Es posible irrigar artificialmente?, sí. ¿Es posible poner molinos de viento para que el ganado tenga agua y no precise caminar kilómetros?, también lo es.

¿Por qué no se mejoran las condiciones de producción?, ¿por qué las grandes ciudades están apiladas de villas miseria? Son algunas de las innumerables preguntas que uno se hace cuando ve el potencial de riqueza en recursos naturales y la miseria en la que conviven los seres humanos que la poseen.

Como en todo país "en vías desarrollo" los contrastes son, a veces, escandalosos. El hotel Sheraton de Addis es un palacio con enormes fuentes y piletas de natación, en una ciudad en la que el agua es un recurso más que escaso. El barrio vecino al hotel es una gran "villa miseria" imposible de atravesar a pie sin correr riesgos de ser asaltado. La diaria más barata del hotel es equivalente a la renta per cápita anual del país. El hotel está casi siempre lleno, en general ocupado por empleados de ONG y sus familias. Es más, ya hay un proyecto para construir otro Sheraton más cerca del aeropuerto e igualmente lujoso. También se están construyendo carreteras, con capital chino, industrias de procesamiento de bienes primarios, con capitales turcos y árabes y viviendas en los alrededores de la ciudad financiadas por el Gobierno con fondos internacionales.

Paradójicamente la prehistoria del campo y el lujo-miseria de la ciudad, forman parte de un mismo, incomprensible y extraño mundo. Personalmente me prometí volver en otra oportunidad para explorar mejor ese misterioso contraste y, efectivamente, al año siguiente tuvimos la oportunidad de regresar al sur de Etiopía.

El último fin de semana que permanecimos en Kenia lo dedicamos a visitar los campos de la familia del abogado de la Universidad, de origen inglés, David Jeremmy Jr. Era una visita que habíamos dejado pendiente el año anterior y, en esta oportunidad, la hicimos en compañía de Francisco Vieytes, el vicerrector de la Universidad. La paradoja era que ambos eran amigos de muchos años y en diversas oportunidades David había invitado a Francisco a pasar un fin de semana en su casa de campo, pero nunca se concretó la visita. Así fue como por curiosidad teórico-práctica, decidimos visitar un establecimiento en el que se suponía se implementaban las mejores prácticas agropecuarias del país.

Nos hospedamos en el cálido chalé de David y durante el día fuimos a visitar los campos agrícolas que administra su sobrino Jimmy, la estancia pecuaria de sus suegros en la que crían ganado *Aderdeen-Angus* negro y la flamante fábrica de aceite de canola que estaban construyendo en los alrededores del pueblo de Timau, al pie del monte Kenia.

Los paisajes son bellísimos. El clima de montaña, caluroso durante el día y bastante fresco a la noche. Pudimos notar claramente la diferencia entre las personas que encaran la actividad agropecuaria de un modo profesional, como un negocio y quienes no lo hacen. El administrador de los campos agrícolas es un joven que estudió la carrera de ingeniero agrónomo en Inglaterra y había regresado con conceptos muy claros con respecto a la preservación del suelo por medio de la labranza mínima y la rotación de los cultivos, que en esa zona es principalmente el trigo. Para el joven administrador Kenia ofrece una clara oportunidad para quien está en el negocio y quiere expandirse.

David organizó una cena de despedida a la que invitó a sus dos sobrinos con sus esposas. Esperamos la hora de la cena instalados cómodamente en los grandes sofás de cuero de la sala, al lado de la chimenea, en la que chispeaba un cálido fuego. Con excepción de algunas piezas de artesanía africana, todo el resto de la decoración de la sala evoca la campiña inglesa. La escena que vivíamos en ese momento podría haber estado localizada en cualquier parte del interior del Reino Unido, por el ambiente, las personas y los *gin tonic* y *el whisky* que el anfitrión había preparado para todos.

–¿Qué les pareció el campo de Jimmy?, –preguntó David, ante la escucha atenta de Jimmy.

–¡Impresionante!, –respondí. –Es la propiedad más grande que visitamos hasta ahora, de alrededor de 1.100 hectáreas, que siembran con el sistema de labranza mínima o siembra directa, –agregué.

–En ese sentido es similar a lo que hacemos en la Argentina, –intervino Rafael. –Con la única diferencia que nosotros no poseemos maquinarias propias.

–Los llamados contratistas, –continuó Rafael, –son los que compran las máquinas de última generación y con control satelital, como las que tiene Jimmy, y las alquilan.

–Aquí yo nunca haría eso. Las personas no están capacitadas para manejar estas máquinas. Imagínate, el tractor es tan sofisticado que anda prácticamente solo. Tú tienes que programar la siembra entre las líneas de los cultivos anteriores y el tractor conduce a la sembradora. Pero hay que saber programar esas máquinas sofisticadas, –concluyó Jimmy.

– Sí, es verdad. Es necesario invertir mucho tiempo y dinero en la capacitación de los trabajadores. El campo se ha sofisticado, pero los rendimientos son mejores y cubren con creces los costos de capacitación, –dije.

–¿Cuál es el rinde promedio que obtienes de la canola?, –le pegunté a Jimmy.

–Tres toneladas por hectárea, –respondió.

–¡Tres toneladas!, –repitió Rafael casi saltando del sofá.

– Sí, por qué, ¿es poco?

–¡Es una barbaridad! Están al nivel de los rendimientos de Europa o de Canadá, donde tienen la mejor genética de semillas, –dijo Rafael. –Nosotros en la Argentina mal llegamos a obtener una tonelada y media por hectárea, –agregó.

–¡Qué bueno lo que me dices, me llena de orgullo porque yo introduje este cultivo! ¿Sabes que en estos campos siempre, año tras año, en la última década se cultivaba trigo? No se conocía el cultivo de la canola, –comentó Jimmy.

–Pues entonces tomaste una excelente decisión, porque la tierra pierde fertilidad cuando se siembra siempre el mismo cultivo, –respondió Rafael.

–¿Cuántas personas emplean en tu campo Jimmy?, –preguntó Francisco.

–Alrededor de 120 personas.

–En eso somos muy diferentes, –dijo Rafael. –Nuestro campo es similar al tuyo en superficie y solo empleamos dos personas.

–¿Solo dos?, –preguntó Jimmy incrédulo.

–Sí, y un ingeniero agrónomo externo que nos brinda asesoramiento cuando planeamos la campaña agrícola y luego monitorea el cultivo durante la fase de crecimiento, –aclaró Rafael.

–Es maravilloso poder hacer lo mismo con tan pocas personas, como lo hacen en la Argentina. Pero me pregunto qué haríamos con los 118 empleados que tendríamos que despedir en Kenia, si adoptáramos el sistema argentino de gestión, –reflexionó Francisco.

–Todo indica que la respuesta es comenzar una reconversión gradual del sistema.

–El salto tecnológico es muy grande. La capacitación de las personas, como dije antes, es costosa y toma mucho tiempo. Durante ese período habría que complementar los cultivos extensivos, como el trigo, el maíz y la canola, con producciones intensivas, que absorban mano de obra no calificada, –agregué.

–Creo también que el rol que tienen las Universidades en estos procesos es crucial, –continué dirigiéndome a Francisco. –Por ejemplo, capacitando y promoviendo investigaciones para el desarrollo de la biotecnología y la genética.

–¡Esa es la "nueva Kenia que se aproxima"! ¿Habrá lugar para nosotros, los abogados?, –preguntó David con su humor habitual.

–Lugar para los abogados siempre hay. El problema es que ellos lo ocupan demasiado, se meten en todas partes. ¡Qué felices seríamos sin abogados!, –bromeó Rafael.

–La tasa de crecimiento anual de la población en Kenia es de alrededor del 3 %, –intervino Francisco muy serio, –la población va a precisar cada vez más alimentos y abogados también, –concluyó con una sonrisa para David.

Ese fin de semana fue memorable. Todos tuvimos la oportunidad de sorprendernos con "la otra Kenia agrícola" y Francisco, en particular, quedó impresionado con las posibilidades que existen de expandir un modelo de producción que en el corto plazo podría modificar la estructura productiva de un país.

A nuestro regreso en Nairobi pasamos en limpio la experiencia y vimos claramente las oportunidades que tiene Kenia. En educación, porque las personas buscan saber más y saber diferente; en negocios: porque es posible armar una estructura productiva, capacitando la mano de obra local. Solo vislumbrábamos una restricción: la tierra. Veíamos la escasa disponibilidad en el sentido del interés de los que la poseen en hacerla producir (o en rentarla). "¿Para qué?", nos decían, "si ya tengo dinero suficiente y soy rico poseyéndola, no necesito más". Este se planeaba como el gran desafío. Habría que buscar algún lema como "La nueva Kenia" o "La Revolución de los alimentos", algo que moviera las voluntades hacia el interés colectivo. Insistir en que si uno piensa "yo ya tengo", nunca todos tendremos más.

Tal vez no éramos demasiado conscientes del desafío que nos planteábamos al imaginarnos modos de llevar adelante este emprendimiento. La falta de incentivos para la producción mostraba un sistema de valores completamente distinto de lo que conocíamos.

Antes de tomar nuestro avión de regreso a la Argentina habíamos decidido que el próximo paso en Kenia no sería simplemente continuar enseñando agronegocios en la teoría. Era preciso "enseñar haciendo", es decir, encarar un proyecto para la producción de alimentos en Kenia, siguiendo el modelo de organización de los agronegocios de la Argentina.

Con esta obsesión aterrizamos, para retomar, una vez más nuestras actividades cotidianas.

Capítulo 10

Las clases de antropología.
Conociendo un poco de África Subsahariana

La mirada multidisciplinaria como antídoto para la brecha cultural

Hacer negocios en otros países requiere conocer un poco de su historia, costumbres, y todo tipo de detalles que nos acerquen a nuestros interlocutores y generen mayor confianza. Rafael y Sofía se proponían realizar un proyecto más complejo que un negocio. Un proyecto, sin fines de lucro, pero que necesita resultados positivos para sostenerse en el tiempo. Que además involucra distintos actores organizacionales: Universidades públicas y privadas, organizaciones gubernamentales e instituciones internacionales, entre otras. Este complejo entramado organizacional requiere profundizar aún más los conocimientos sobre el lugar. Y construir una mirada multidisciplinaria que sea capaz de abordar una nueva realidad desde distintas perspectivas En esta sección se recorre brevemente la historia de Kenia, con foco en los acontecimientos más recientes como el fin de la ocupación colonial y el surgimiento de la nación. Se describe la región geográfica, la conformación política y la lucha por el poder tribal. También se abordan aspectos sociales y particularidades culturales relacionadas con las nociones de tiempo y espacio. Como podrá advertirse, se cruzan la historia, la geografía, la política, la sociología, la antropología, y la filosofía.

Una mañana particularmente fresca del mes de abril, regresé a la oficina pensando en lo que uno de mis alumnos del doctorado había comentado en la clase. Él es profesor de la asignatura Sistemas Administrativos y también se desempeña como consultor, asesorando a sus clientes sobre la mejor forma de implantar una nueva unidad de negocios en sus empresas. Sostenía que en nuestra Facultad de Ciencias Económicas estamos muy bien preparados para elaborar Planes de Negocio, sin embargo, sabemos muy poco sobre interculturalidad y comunicación, y es cada vez más frecuente establecer relaciones comerciales con empresas de otros continentes. Pareciera como si asumiéramos que porque el mercado es global la cultura y la forma de pensar también lo es.

Nos contó las dificultades que tuvo cuando debió asesorar a un cliente que pretendía asociarse con una compañía china. Las reuniones eran interminables y muchas veces no se lograban acuerdos simplemente por no comprender al otro. Llegué a la oficina pensando que, si queríamos implantar nuestro proyecto en Kenia, sería necesario comprender a fondo sus prácticas culturales, y así se lo comenté a Rafael.

–Mira, creo que lo más práctico es anotarme en un seminario de etnografía. Así adquiero los elementos conceptuales para entender la realidad que nos tocará vivir en Kenia, –le dije.

–Hum… me parece que estás exagerando, –me respondió.

–Haces como decía nuestro abogado en Brasil: para tomar un vaso de leche por la noche, estás llevando una vaca al lado de la cama, –agregó riendo.

–Bueno, no es para tanto, –me defendí. –Este seminario que vi se cursa en una Maestría en Antropología y son diez clases de tres horas cada una. Hay cinco clases específicas sobre África Subsahariana en general y sobre Kenia en particular, que me interesan, –agregué.

–De acuerdo, tú ganas. A ti te gusta estudiar, yo en tu lugar me compraría un buen libro sobre turismo en Kenia, –sentenció Rafael.

Me inscribí en el seminario, que ya había comenzado, y el primer día de clase le comenté al docente sobre los motivos por los cuales me había inscripto y dejé en claro que no era mi interés hacer la Maestría en Antropología. El grupo de alumnos era pequeño, alrededor de 10 personas. El docente me invitó a presentarme ante los colegas. Lo hice, y me llamó la atención que ninguno me hizo ninguna pregunta sobre el proyecto en Kenia. Parecía que, a pesar de la bienvenida al curso, no dejaban mucho espacio para integrarme. Definitivamente yo pertenecía a otra "tribu". Los estudiantes de humanidades suelen verse como una contracara de la carrera empresarial y eso puede generar algunos prejuicios de ambas partes.

Tomé nota de las clases y luego puse mis apuntes en orden, separando las cuestiones que referían específicamente a Kenia y complementando algunos aspectos con la bibliografía.

Primera clase. Perspectiva histórica. La ocupación colonial y el surgimiento de la nación.
La historia de la humanidad tiene raíces en África. En una excavación realizada en 2004, un equipo de paleontólogos descubrió indicios de que homínidos como el *Homo Habilis* y el *Homo Erectus* habitaban en el lago Turkana.

Hasta 1879 el 90 % del continente africano tenía su propio gobierno. Con el arribo de los europeos, 20 años después esa proporción se invirtió. Las bases del reparto del continente entre las potencias europeas se sentaron en la Conferencia de Berlín, convocada conjuntamente por Francia y Alemania, que se celebró entre el 15 de noviembre de 1884 y el 26 de febrero de 1885. Las naciones asistentes fueron: Alemania, Austria-Hungría, Bélgica, Dinamarca, España, EE. UU., Francia, Gran Bretaña, Holanda, Italia, Portugal, Suecia, Noruega y Turquía. Ningún país africano estuvo representado. El día de la inauguración Bismarck abrió la primera sesión y aceptó la presidencia. En su discurso aseguró que el propósito de la Conferencia era promover la civilización de los africanos abriendo el interior del continente al comercio.

Las rivalidades coloniales más importantes entre los países europeos por el reparto del continente, a finales del siglo XIX, fueron dos: entre Inglaterra y Portugal, en África austral, y entre Inglaterra y Francia, en África occidental y sudanesa. Todos los enfrentamientos se solucionaban mediante tratados, dentro del marco internacional creado por la Conferencia de Berlín. En 1904 África había quedado repartida y sometida al régimen colonial europeo. Solo dos estados africanos eran independientes: Etiopía y la República de Liberia.

El caso etíope se debió a la batalla Adua en la que el emperador Menelik II derrotó al ejército italiano. En el tratado que se firmó en Addis Abeba, el 26 de octubre de 1896, los italianos reconocieron la independencia de Etiopía y esta, a su vez, reconoció a Eritrea como una colonia italiana.

Un primer reparto quedó configurado en 1914. Pese a la arbitrariedad del trazado de las fronteras gran parte se conservó y aún continúan siendo motivo de intensos conflictos. En el plano político los gobiernos eran establecidos con una cierta administración compartida. En todos los casos los gobiernos coloniales se limitaron a ejercer sus funciones al menor costo posible. Su función era mantener el orden, recaudar impuestos y administrar la ley.

En el ámbito económico, la economía dependía básicamente de la iniciativa privada. Algunas zonas se convirtieron en productores especializados, como el cacao en Costa de Oro o el aceite de palma en el Congo Belga. En Kenia se producía café y té. El ferrocarril también significó un fuerte impulso económico allí donde se construyó, así como las carreteras y la introducción de los vehículos a motor en la década de 1920, en especial camiones, que aumentaron la movilidad de las personas y de las mercancías.

En la década de 1940 se intensificó el alzamiento africano contra la ocupación de los europeos. En 1944 Jomo Kenyatta formó la *Kenya African Union* (KAU) y en 1947 se tornó su presidente y convirtió a la Asociación en un partido político con intensa actividad. En 1951 presentó al Colonial Office británico, un Memorándum en el que solicitaba aumentar el número de africanos en el Consejo Legislativo. En 1944 había solo uno y en 1951 se pedía que fueran 12; además solicitaba participación en el Consejo Ejecutivo, entre otras reivindicaciones, tales como el desarrollo de la educación y la libertad de expresión.

Los colonos blancos presionaron al gobierno de Londres para no aceptar el Memorándum porque se oponían a cualquier nacionalismo negro. De ese modo, la respuesta del Primer Ministro británico fue asegurar que no se haría ningún cambio, lo que tranquilizó a los europeos y agitó aún más a los africanos nacionalistas. La violencia fue creciente, en grupos de revolucionarios armados denominados Mau-Mau asaltaban y saqueaban las propiedades de los blancos, y asesinaban a sus dueños. En 1952 la violencia se expandió y se declaró el estado de emergencia en octubre del mismo año. El gobierno de Londres envió tropas británicas y otras fuerzas reclutadas en África oriental.

Todos los partidos políticos fueron prohibidos y Kenyatta, junto con otros 200 dirigentes, fueron encarcelados y condenados a siete años de prisión. La represión fue más intensa con la tribu de los Kikuyu, a la que pertenecía Kenyatta. Una gran cantidad de personas fue enviada a campos de concentración.

A partir de 1954 se reanudaron las concesiones políticas con el objetivo de minimizar la rebelión. Londres introdujo un Consejo de Ministros de 14 miembros en el que había 11 europeos, un hindú, un árabe y un africano nombrado por el propio Gobernador. Los europeos estaban divididos en dos grandes grupos: uno moderado, que veía en el multirracismo la solución para mantener sus intereses, y formó el *New Kenya Group* y otro conservador radical que se agrupó en el *United Party*. Entre los africanos prevalecía la agrupación tribal y las tribus mayoritarias eran la de los Kikuyu, los Embu y los Meru.

En 1958 se sancionó una nueva Constitución que elevó el número de representantes africanos a 14 en el Consejo Legislativo elegidos por sufragio directo. Un año después se sancionó una ley que concedía a los africanos de cualquier raza el derecho de poseer tierras en cualquier parte del país, lo que rompía el monopolio blanco de ocupar las mejores en exclusividad.

En el proceso de preparación para las elecciones de febrero de 1961, se conformaron dos partidos. *Kenya African National Union*, (KANU), una renovación del antiguo KAU constituido por Kenyatta, compuesto por afiliados de las tribus mayoritarias como Kikuyu y Lwo, con Odinga y Mboya al frente, y el *Kenya African Democratic*, liderado por Ngala. Este último pretendía agrupar a los pequeños grupos étnicos y propuso un Estado federal que garantizara los intereses de las minorías.

Las elecciones fueron ganadas por el KANU. El gobierno de coalición formado el 6 de abril de 1962 entre los dos partidos fue un fracaso. Al deterioro económico se le unió la crisis política. Las huelgas y los disturbios originaron una agitación social que concentró su acción en las propiedades de los blancos y de los asiáticos, que nuevamente sufrieron actos de vandalismo frecuentemente acompañados de la muerte de sus propietarios.

Kenyatta fue liberado de la prisión, en las elecciones de mayo de 1963 triunfó su partido y el 11 de junio fue nombrado Primer Ministro. El 12 de diciembre del mismo año Londres declaró la independencia de Kenia.

Segunda clase. Perspectiva histórica. La política y la lucha por el poder tribal

Muchos colonos europeos abandonaron África Subsahariana, luego de la independencia de los países por temor a represalias. Las tierras, en general, fueron retomadas por los nuevos gobiernos y en algunos casos otorgadas a los políticos de los partidos gobernantes. En Kenia, a pesar de los temores de los colonos blancos, el gobierno de Kenyatta resultó moderado, prooccidental y progresista. Hubo una considerable libertad dentro del único partido gobernante y la redistribución de la tierra (aunque se hizo en favor de los Kikuyu) tranquilizó mucho la reivindicación de los dirigentes tradicionales. Kenia se convirtió en república en 1964, y fue Kenyatta su primer presidente. La política moderada y estable del gobierno de Kenyatta atrajo a un gran número de inversores extranjeros; la industria del turismo se expandió gracias a las reservas nacionales de fauna salvaje, y se convirtió en la fuente más importante de entrada de divisas.

En 1976 un importante empresario y miembro del Parlamento desde 1974, Njenga Karume se unió a otros políticos y hombres de negocio locales, entre otros Kihika Kimani y Paul Ngei, para conformar el Movimiento de Cambio Institucional, con el propósito de que el vicepresidente Daniel Apar Moi, un no-Kikuyu, no sucediera al presidente Kenyatta. El movimiento no prosperó y cuando Kenyatta murió en 1978, le sucedió Moi, miembro de la tribu Kalenjin que mantuvo la moderación política y económica.

Los negocios de Karume continuaron prosperando. En el viaje que hicimos a Kenia en 2012 tuvimos la oportunidad de conocer una de sus propiedades agrícolas y su fábrica de té. Almorzamos en su casa con él, su esposa Grace Njoki, con quien se casó en 2006 y con el pequeño hijo de ambos, Emmanuel Karume Njenga. Karume fue amigo personal y asesor de Jomo Kenyatta y más tarde lo sería del presidente Mwai Kibaki.

A fines de la década de 1980 el gobierno de Moi enfrentó

muchas críticas de dentro y de fuera del país. Los críticos fueron encarcelados y solo en 1992 los partidos de la oposición fueron legalizados y se celebraron las primeras elecciones multipartidistas de Kenia. Moi y el KANU fueron reelegidos con una amplia mayoría. Sin embargo, el resultado de la elección provocó un torrente de violencia étnica, principalmente dirigida contra los Kikuyu en el poder.

En agosto de 1997 estallaron nuevamente graves conflictos de carácter étnico en el país, y en noviembre el presidente Moi disolvió el Parlamento como paso previo a la celebración de elecciones un mes después. La oposición estaba dividida y Moi fue reelecto presidente tras dos décadas en el poder.

Las siguientes elecciones presidenciales y legislativas celebradas el 27 de diciembre de 2002 marcaron el fin de la hegemonía de Moi y de su partido. En las presidenciales, Emilio Mwai Kibaki, se impuso al candidato del KANU, Uhuru Kenyatta, hijo del primer presidente del país.

En los comicios posteriores, del 27 de diciembre de 2007, Kibaki obtuvo la reelección al contar con el 47 % de los sufragios contra el 44 % de Raila Odinga. El triunfo de Kibaki ocurrió bajo acusaciones de fraude y generó graves disturbios entre la etnia Kikuyu, grupo afín al presidente y la etnia Luo, opositora al oficialismo. La crisis cobró aproximadamente 1.500 víctimas fatales y casi medio millón de personas desplazadas. En febrero de 2008, y luego de la intervención de diversos organismos internacionales, Kibaki y Odinga llegaron a un acuerdo para establecer un gobierno de coalición en el que el cargo de Primer Ministro (abolido desde 1964) sería para el líder del partido con mayor representación parlamentaria; en este caso, para Odinga, y Kibaki asumió la presidencia.

Las elecciones siguientes fueron programadas para el 4 de marzo de 2013, durante el período en el que permanecíamos en Kenia. Los antecedentes de violencia nos motivaron a salir del país por una semana y viajamos al valle del río Omo, en Etiopía. Felizmente todo transcurrió con calma. Uhuru Kenyatta ganó las elecciones y no hubo reacciones violentas. Al poco tiempo un descendiente de Kibaki nos ofreció 2.000 acres para alquilar para nuestro proyecto, al doble del precio que se practicaba en el mercado.

Tercera clase. Perspectiva geográfica. La región y el sector agropecuario.
La República de Kenia está situada en el Este de África. Tiene una superficie de 582.646 km². Limita con Tanzania al sur, Uganda al oeste, Sudán del Sur y Etiopía al norte y con Somalia al este. Una parte de su territorio es costero al Océano Índico y en el interior tiene desiertos áridos o semiáridos, básicamente en el norte del país. En el centro se encuentran las tierras más altas (entre 1.500 y 2.000 metros de altura), que ocupan una meseta de terreno fértil y con densas áreas forestales. En la cadena de montañas Aberdares el pico más alto es el Monte Kenya con 5.200 metros de altura sobre el nivel del mar.

El valle del Rift, que atraviesa de norte a sur el país, es el más fértil para la agricultura. Se trata de una fractura geológica de 4.830 kilómetros que fue declarada por la Unesco como patrimonio de la humanidad. En su paisaje cuenta con una extensa zona de sabana y matorral a lo largo de la costa y tierras altas donde se encuentran los parques naturales Tsavo y Amboseli, puntos de atractivo turístico por los safaris fotográficos que se organizan en la región.

La República de Kenia está dividida en 8 provincias: 1) Nairobi, 2) Nyanza, 3) Provincia Occidental, 4) Valle del Rift, 5) Provincia Central, 6) Provincia Oriental, 7) Provincia Nororiental y 8) Provincia de la Costa. Como está atravesada por la línea del Ecuador, la temperatura tiene escasa variación. Las grandes diferencias en temperaturas medias y en precipitaciones, se deben a los vientos y a las diferencias de altitud.

El régimen de lluvias afecta en gran medida la vida animal y el estado de las carreteras, las cuales se embarran, inundan o quedan intransitables.

Las lluvias largas tienen lugar en marzo y junio, y son muy abundantes, y las lluvias cortas, entre octubre y noviembre. Las temperaturas son más elevadas durante el invierno boreal, en enero, febrero y marzo.

En cuanto a la infraestructura de transporte Kenia tiene algunas carreteras importantes, como el corredor que une Mombasa con Uganda. El puerto de Mombasa es el principal de la región. El gobierno ha incrementado la inversión en carreteras pero la mayoría de los fondos provienen de organismos internacionales o agencias nacionales para el desarrollo.

Cuarta clase. Los pueblos: identidad y espiritualidad

Más allá de la profunda influencia cultural que tuvo la colonización europea, la sociedad keniana aún tiene como punto de referencia la organización tribal. La tribu más numerosa, y políticamente dominante, es la de los Kikuyu que llegó al país proveniente del noreste de África. Son, fundamentalmente, ganaderos.

Los Meru, estrechamente emparentados con los Kikuyu y también de habla bantú, se incorporaron al ritmo de vida occidental en la década de 1970. Los Akamba, procedentes del sur de África se asentaron y se dedican a la ganadería y al comercio. Los Gussi pueblan la zona montañosa al este del Lago Victoria.

Entre los pueblos de habla nilótica se encuentran los Luo, ancestrales del presidente norteamericano Barak Obama. Proceden del Valle del Nilo a su paso por Sudán. Cuando llegaron a Kenia se establecieron en la parte occidental, junto al Lago Victoria y tienen una estructura tribal muy compleja. Los Kalefin, también procedentes de Sudán, se establecieron en las llanuras occidentales de Kenia. Los Turkan, que viven en los territorios semidesérticos del noroeste del país, proceden de Uganda y viven con pocas influencias occidentales, como la mayoría de las tribus cercana al Lago Turkana en el valle del río Omo, una región compartida por Kenia y Etiopía.

La tribu más significativa, originaria de Sudán y que aún mantiene sus costumbres originarias es la etnia Massai. Son ganaderos y no cultivan la tierra, que la consideran como propiedad de todos. Es común en los alrededores de Nairobi, en algún espacio verde, grupo de Massais con su rebaño pastoreando. Tuvimos la oportunidad de ver un caso similar en los jardines de la Univesidad, mientras dictábamos una conferencia.

Los Massai son seminómades y se los encuentra en la región de Kenia y al sur en Tanzania. Un grupo emparentado con los Massai son los Samburu, que habitan en una zona cercana al Monte Kenia. En las excursiones turísticas es común encontrar programas que incluyen una visita a un campamento Massai o Samburu. Allí los turistas pueden observar cómo están organizadas las comunidades, siempre alrededor de sus animales, y también es permitido entrar en el interior de las chozas. En general, bailan y cantan para los turistas y luego ofrecen sus artesanías en un improvisado mercado.

Son delgados y altos, no comen carne con frecuencia, se alimentan con raíces, vegetales y beben leche mezclada con sangre de los animales, que la extraen haciéndoles un corte cerca del pescuezo. Las vestimentas de estos pueblos son muy coloridas y tanto hombres como mujeres se adornan con múltiples collares, pulseras, brazaletes y aros que ellos mismos elaboran.

Las comunidades están conformadas entre cinco y diez familias que se establecen algunos meses con el ganado y luego se trasladan a otro sitio con nuevos pastos. Rodean la aldea con arbustos y por la noche entran el ganado al centro de la aldea, para protegerlos de ataques de animales salvajes. Los hombres se dedican al ganado y las mujeres cargan agua, muelen cereales y realizan otras tareas domésticas. Las cabañas son construidas por las mujeres con ramas y mimbre. Practican la poligamia de modo que en cada cabaña vive la mujer con sus hijos y los hombres rotan en las cabañas de sus respectivas mujeres. Cuando los niños crecen se separan de la madre y se los acomoda en cabañas comunes. Existe división de bienes entre los hombres y las mujeres, es decir, cada uno de ellos tiene sus propios animales. Los casamientos son arreglados por los padres y, en general, la vida de la mujer no tiene el mismo valor que la del hombre.

Quinta clase. Las categorías sociales. Tiempo y espacio.

Algunas cuestiones como el concepto de tiempo y espacio y valores aplicados a la vida en sociedad, son compartidas por los pueblos africanos que, en su gran mayoría, son creyentes en Dios y religiosos practicantes. Expresado ontológicamente, Dios es el origen de todas las sustancias y las cosas y el conocimiento sobre Dios lo expresan en proverbios, canciones, mitos, ritos y ceremonias religiosas.

A la categoría divina le siguen los espíritus, de los seres humanos muertos hace tiempo, los hombres que viven y que nacerán y los animales y las plantas. El concepto de persona humana varía de un pueblo a otro, fundamentalmente relacionado con la religión que practican. Por ejemplo, para algunos pueblos las mujeres pertenecen a una categoría inferior.

El concepto que tienen del tiempo es clave para entender otros conceptos filosóficos básicos. En general, para los africanos el tiempo es una composición de acontecimientos, que han ocurrido, que están ocurriendo y que van a ocurrir en lo inmediato. Todo aquello que no tiene alta probabilidad de ocurrir en un futuro próximo, pertenece a la categoría de no-tiempo. Así el tiempo tiene dos dimensiones, el pasado y el presente que componen los acontecimientos del tiempo *actual*. Los acontecimientos futuros que ocurrirán por el ritmo de los fenómenos naturales son acontecimientos del tiempo *potencial*. De este modo, no existe la dimensión de un futuro lejano, las personas no se interesan por hechos que ocurrirán en futuros lejanos, para ellos es pura ficción. El futuro es tan inmediato que es nada más que la prolongación del presente.

Descubrir esta concepción del tiempo tan distinta resultó fundamental para poner en contexto la aparente falta de interés en emprender e innovar por parte de algunos kenianos.

El tiempo es contado en horas, días, meses y años; dan importancia al hecho que ocurrió, y no a la cantidad de tiempo que pasó. Lo importante no es que demoré un mes en cosechar el trigo, sino que lo coseché. En las lenguas de algunos pueblos los meses del año se denominan en función de los acontecimientos naturales que se repiten en esos momentos, lluvias, sequía, frío, calor, inundaciones.

El concepto de espacio está íntimamente conectado con el concepto del tiempo. Así, lo que tiene importancia es lo que está, en términos geográficos, relativamente cerca y se puede vivenciar. Del mismo modo que con el pasado, que determina mi presente, la tierra carga las raíces de los ancestros. En algunas lenguas africanas se usa la misma palabra para designar el tiempo y el espacio. Esto explica por qué existe un vínculo tan fuerte, como atados a la tierra, aun en los que emigraron a las ciudades.

¿Puedes saber adónde vas si no sabes de dónde vienes? Esta pregunta pone de manifiesto la importancia del origen, de las raíces de una persona. El conocimiento de los orígenes del pueblo del que uno proviene, estrecha los lazos de confianza en la convivencia social. Si es de mi pueblo, lo conozco, aunque lo haya visto solo una vez.

En la interacción social se refleja esta característica de apego al pasado, por la lealtad de los votantes para con los candidatos de su tribu de origen, por hacer negocios entre personas del mismo pueblo y otras expresiones de confianza. En todos los casos lo importante son los buenos modales que son como la estructura que mantiene unida a la comunidad.

Hasta hace algunas décadas no se concebía el trabajo personal a cambio de dinero. El antropólogo Parker Shipton, en su trabajo titulado "Dinero amargo", explica que el dinero se genera por acumulación antisocial. Ocurre cuando, por ejemplo, alguien vende una parcela de terreno como propietario individual cuando esta tierra es de propiedad de un grupo familiar. Si aumenta su riqueza individual en detrimento de la riqueza colectiva, el dinero perderá fecundidad. Si comprara ganado con ese dinero el ganado no se reproducirá. De ese modo lo único que el dinero amargo puede comprar con éxito son bienes no susceptibles de ser invertidos y que no aumentan de valor, como ocurre con la ropa y otros objetos destinados al consumo efímero. Igualmente interesante es el hecho de que el propio dinero puede seguir su camino alegremente –la esterilidad se queda en el dueño, no en el dinero.

El trabajo, aun en algunas comunidades menos occidentalizadas, forma parte de las obligaciones naturales de la vida en comunidad, ya que el individualismo no es concebible. En el aeropuerto de Johannesburgo, en el corredor que comunica la salida de las aeronaves con el hall central, se puede observar un proverbio que sintetiza sabiamente la fuerza de la acción colectiva. Dice: *If you want to go fast, go alone. If you want to go far, go together*, (si quieres ir rápido anda solo, si quieres llegar lejos anda acompañado).

La mayoría de los pueblos originarios africanos comparten algunos valores básicos ¿Qué es ser un hombre con buen carácter?, es ser hospitalario, generoso, amable, justo, respetuoso de los mayores y protector de los pobres y los débiles. Los valores morales son dinámicos y aplicados en la interacción con el otro. Subyace una especie de filosofía constructivista, en la que el hombre es por lo que hace, se "construye" bueno o malo según sus actos.

Capítulo 11
Las mismas ideas con otros actores

Cuando los proyectos y las organizaciones se complementan

De regreso a la Argentina Sofía y Rafael descubren un grupo de empresarios que, coordinados por Isidoro Bareja, tienen propósitos complementarios a los suyos: promover las maquinarias y la tecnología de producción de alimentos argentina en Kenia. Los preparativos previos al tercer viaje a Kenia incluyen contactos con funcionarios del gobierno argentino, con empresarios del sector agropecuario y con una delegación de empresarios kenianos que visitaron la Argentina invitados por el grupo de Isidoro. Sorpresas y decepciones anteceden la aventura en Kenia.

A los pocos días de regresar de nuestro último viaje a Kenia, una colega, siempre atenta a las noticias políticas, me llama por teléfono muy temprano, lo cual me sorprendió.

–Hola ¿ya leíste las noticias de hoy?, –me preguntó Raquel.

–No, y como tengo bastantes cosas para hacer no pienso leerlas. El mundo sabrá comprender que por hoy no me informe sobre lo que le pasa, –le respondí burlona.

–Pues creo que tienes que leerlas, –insistió –sobre todo porque hay una noticia que te va a interesar: "Una delegación keniana, encabezada por el ministro de Agricultura, está en Buenos Aires. Ayer el Ministro keniano tuvo una entrevista con su par en nuestro país y firmaron acuerdos de cooperación", –dijo resumiendo la noticia.

–Supongo que mi amiga no quedó afuera de los "acuerdos de cooperación, ¿verdad?, –continuó irónica.

–No tengo ni idea de lo que se trata, –confesé.

–Entonces corto para no tomarte el tiempo que tendrás que dedicarle a investigar qué está pasando, –dijo, recordándome sutilmente que soy investigadora.

Al poco tiempo descubrí que el 3 de mayo de 2011, aproximadamente un año atrás, se había organizado un desayuno titulado: "Kenia: trampolín para África y Asia". Los expositores fueron el ministro Ariel Fernández, director de África Subsahariana de la Cancillería; Isidoro Bareja, consultor especialista en África. Isidoro, luego de residir algunos años en Kenia, se trasladó de regreso a la Argentina y comenzó un trabajo de promoción de Kenia como un país que ofrece muchas oportunidades, especialmente en los agronegocios. Algunos días antes del encuentro en mayo del 2011 se había publicado en el periódico *La Nación*, una nota en la que la periodista comentaba: "Como un safari, pero con cosechadoras, sembradoras y tecnología agroindustrial. Este es un paisaje que al gobierno y los empresarios argentinos les gustaría tener en un continente todavía desconocido. Es decir, demostrar con hechos que lo que se quiere construir es una relación que va más allá de lo comercial, e incluye las alianzas y la transferencia de tecnología. Esa parece ser la clave para ganar un lugar en la promocionada África".

La nota comentaba que algunos países como India y China ya estaban invirtiendo fuertemente en África y que la Argentina aún está a tiempo de hacerlo pero, de acuerdo con Isidoro Bareja, "alimentando una relación basada en la igualdad de socios Sur-Sur en la que a las ventas se sume la cooperación, sinónimo en este caso de transferencia de tecnología y capacitación". También se mencionaba el plan del gobierno argentino, vía el ministerio de Agricultura, de abrir nuevos mercados en África, una región históricamente ignorada por la Argentina.

Casi un año después, el 14 de marzo de 2012, se publicó otra nota en el mismo periódico que hacía referencia a la cooperación de la Argentina con Kenia para el desarrollo de tecnología de punta. Al leer el periódico me sorprendió la extrema coincidencia de lo que estaba ocurriendo en ese momento en el país y el proyecto que nosotros nos habíamos propuesto llevar adelante. Así entendí por qué que mi amiga me alertó sobre el tema, porque cuando leyó la nota, evidentemente pensó que hacía referencia a nuestro trabajo.

—Querida amiga, ya me informé sobre la noticia que publicaron hoy, —le dije por teléfono —lamentablemente nosotros no estamos involucrados en esos acuerdos.

—¿Te refieres a que hay gente aquí que está haciendo lo mismo que ustedes?, —indagó preocupada.

—No creo, más bien son actividades complementarias. Hay una persona que me parece clave, que es Isidoro Bareja. Él promovió este último viaje del ministro de Agricultura y la delegación que lo acompaña, —dije.

—Ya lo llamo y te informo, —me respondió rápidamente y cortó.

Continué leyendo y vi que se anunciaba que el secretario de Agricultura, Ganadería y Pesca de la Nación, Lorenzo Basso, había recibido esa mañana al secretario de Agricultura de Kenia, Wilson Songa, quien comentó: "Estamos muy sorprendidos por el desarrollo argentino respecto a la maquinaria agrícola, y nos interesa aprender de estos procesos para aumentar la producción agroalimentaria en Kenia". Todo indicaba que nuestro propósito de trasladar a la práctica el modelo de producción agropecuaria argentino se ajustaba perfectamente a los planes del gobierno keniano. Sonó nuevamente el teléfono e interrumpió mis reflexiones.

–Te cuento, –comenzó Raquel, –me puse en contacto con la sala de prensa del Ministerio para solicitar un contacto con el ministro keniano y me informaron que ya había regresado a su país.

–De todos modos la delegación que lo acompañó aún permanece en la ciudad y me indicaron el hotel en el que se hospedan, –continuó triunfante.

–Averigüé que el grupo de empresarios de la comitiva keniana llegó a la Argentina por iniciativa, e invitación de empresas argentinas que conforman un Consorcio *Exportar* cuyo coordinador es Bareja, –concluyó.

–De modo que hay un grupo de empresas argentinas que "invirtieron" en trasladar a los kenianos para mostrarles cómo producimos alimentos aquí en la Argentina, ¡me encantaría saber quiénes son! –exclamé.

–Para eso existe internet, –intervino Raquel. –Coloca las palabras "grupo, exportar e Isidoro Bareja" y allí tendrás todo lo que precisas, –me recomendó mi amiga.

Nos despedimos e inmediatamente puse manos a la obra. Me informé sobre la Fundación Exportar, que es una agencia dependiente del Ministerio de Relaciones Exteriores y Culto argentino cuyo objetivo es fomentar la exportación. Las empresas que integran el grupo que coordina Isidoro Bareja tienen actividades complementarias como: a) la fabricación de implementos agrícolas, como sembradoras y pulverizadoras, b) los montajes industriales, movimientos de suelo, perforaciones y aguadas, c) la producción de inoculantes y terápicos para semillas, biofertilizantes y micronutrientes, d) la producción de silo bolsa elaborado con películas de polietileno, e) la producción de maquinaria, implementos y servicios relacionados con el agro, como sembradoras y pulverizadoras y f) la fabricación de máquinas embolsadoras y extractoras de granos del silo bolsa.

Así, de un modo imprevisto, descubrí que había en la Argentina un grupo de empresas que tenían aparentemente las mismas intenciones que nosotros en lo que refiere a llevar la tecnología de producción argentina a Kenia. Nosotros complementábamos en cierto modo esta actividad proponiéndonos llevar el modelo de organización empresarial argentino y poniendo en práctica su funcionamiento. Todo alineado con las palabras del ministro de Agricultura keniano que expresó en la oportunidad de su visita: "Sabemos que en general la maquinaria argentina se utiliza para las áreas grandes, pero también se puede aplicar en establecimientos pequeños o medianos. Argentina, al igual que Kenia, es un país con 40 millones de habitantes, que sin embargo puede alimentar a 400 millones de personas, y eso es lo que queremos".

–Hola Rafa, –saludé mientras me dirigía a su sala en la oficina. –Estuve toda la tarde intentando ponerme en contacto con Isidoro Bareja, pero no lo conseguí.

–Bueno, entonces vayamos al hotel donde se hospeda la delegación y tratemos de hablar con alguna de esas personas antes de que regresen a su país, –sugirió Rafael.

–Sí, tienes razón, no hay mucho tiempo que perder, ¿te parece que vayamos ahora, luego de terminar nuestra jornada de trabajo aquí?, –indagué.

–Es un buen horario. Vamos a llegar para el *happy hour.*

Terminamos nuestras tareas y partimos para el hotel. Preguntamos por los kenianos en la recepción y nos dijeron que habían salido, pero que en aproximadamente una hora tendrían una reunión en un salón reservado en el hotel.

–¿Qué hacemos, esperamos? –pregunté.

—Me parece que es conveniente. No sé si tendremos otra chance para verlos. Si te parece caminamos una cuadra hasta la avenida y tal vez encontremos alguno paseando por la zona, –sugirió Rafael.

—Mira, allí viene una pareja con bolsas de compras, –dije cuando ya estábamos a unos 80 metros del hotel. –Preguntémosles si están en el grupo.

Rafael los detuvo y les hizo la pregunta. Un poco asustados por nuestro sorpresivo abordaje, nos respondieron afirmativamente y, entonces, les comentamos quiénes éramos y lo que queríamos conversar con ellos. La pareja se relajó un poco y regresamos al hotel. Ellos se presentaron como pequeños productores agropecuarios y dueños de un hotel en Kitale, una región agrícola por excelencia. En la medida que iban llegando sus compañeros de viaje, la pareja nos presentaba, especialmente a los que eran empleados de compañías estatales como el Kenya Agricultural Research Institute (KARI) y la Agricultural Development Corporation (ADC), productora de granos y de semillas. Conversamos animadamente con un grupo, intercambiamos tarjetas de visita, nos despedimos y nos retiramos con la promesa de visitarlos en Kenia, que se cumplió un año después.

La preparación del proyecto en la Argentina, antes del próximo viaje a Kenia, tuvo dos momentos de intenso trabajo. Al principio, luego de nuestra llegada entre los meses de abril y mayo y al final del año, antes de la nueva partida entre los meses de octubre y diciembre. Los trabajos previos que realizamos fueron variados. Al principio nos concentramos en el diseño de un plan de negocios y de la estructura que requeriría el proyecto: mano de obra, maquinarias e insumos. Al final los trabajos se concentraron en la búsqueda de tierras para trabajar y en los aspectos legales de constitución de una sociedad para poder operar en Kenia.

Dado que el plan de negocios se presentaba como un proyecto original, decidí planteárselo como alternativa de trabajo final del curso a mis alumnos de Dirección General. Como se trata de una asignatura que finaliza la carrera, en general, los alumnos presentan un trabajo en el que expresan los conocimientos que adquirieron en toda la carrera, sobre Marketing, Finanzas, Producción, etcétera. Con mi equipo docente siempre tratamos de proponerles negocios innovadores y este nos parecía uno adecuado. Así fue cómo un grupo de alumnos trabajó durante todo el cuatrimestre investigando las cuestiones macroeconómicas de Kenia y las oportunidades que ofrecía el proyecto. Los alumnos tuvieron la oportunidad de confrontar los aspectos teóricos que habían aprendido durante la carrera con la experiencia práctica que yo les presentaba y, además, adquirieron algunos conocimientos sobre agronegocios, que aún no habían tenido la oportunidad de estudiar.

–Buenos días Sofía. Esta mañana la llamó el profesor Pablo Quenbeć y dijo que era urgente, que por favor le devuelva la llamada lo antes posible, –me dijo mi asistente cuando regresé de dar clases.

–De acuerdo, comunícame con él, por favor, –respondí.

–Hola Pablo, –saludé cuando me transfirieron la llamada.–¿Me llamaste por algo urgente?

–Sí. Como te mencioné soy amigo del secretario de Agricultura. La semana pasada hablé con su asistente y le comenté sobre nuestra experiencia en Kenia y sobre la posibilidad de trasferir tecnología argentina en agronegocios a ese país, –dijo Pablo.

–Hoy a la mañana temprano la asistente del Secretario me llamó y me dijo que le interesa mucho escuchar nuestra experiencia y nos concederá una entrevista este miércoles a las 10:00, –continuó,–¿podrán ir junto con Rafael?, ¿qué le respondo a la asistente?

–Sí, por supuesto que iremos, una oportunidad así no se presenta todos los días, –respondí rápidamente.

–Entonces me parece que sería oportuno que prepares una presentación que podamos proyectar, en la que expliquemos los objetivos del proyecto y los aspectos en los que nos interesa contar con el apoyo de la Secretaría. ¿Qué te parece?, –dijo Pablo.

–Me parece bien. La voy a preparar y luego te la envío para que la revises, así nos aseguramos de que no me olvide de mencionar nada importante.

Preparé una presentación que revisamos entre todos. El objetivo principal era darle a conocer nuestro proyecto y verificar en qué aspectos podríamos contar con la colaboración del Gobierno nacional. Por ejemplo, contar con la posibilidad de financiamiento para la exportación de máquinas agrícolas, o tener la posibilidad de participar (con máquinas argentinas) en las próximas ferias de Nairobi y Mombasa que se realizarían el 30 de agosto de 2012. Fuimos muy bien atendidos y nos dijeron que contáramos con el apoyo de esta iniciativa que resultaba importante para el país, si bien en la práctica, no recibimos ningún estímulo en concreto.

–¿Qué te pareció la reunión?, –me preguntó Pablo, mientras esperábamos que nos sirvieran café en una confitería próxima al bello edificio del Ministerio de Agricultura, Ganadería Pesca y Alimentos.

–El secretario se mostró muy interesado, pero me parece que el acuerdo que firmó con Mozambique tiene prioridad para él, –respondí.

–No lo creo, –dijo Rafael. –Más bien me parece que lo mencionó para ver si nosotros no expandíamos nuestro proyecto a Mozambique.

–Trabajé muchas veces próximo al Gobierno y a los entes gubernamentales, –dijo Pablo mientras revolvía su café, –creo que debemos avanzar sin esperar apoyo.

–Sí, tienes razón. Igualmente no me parece mal que nos reunamos con el grupo de Isidoro, como propuso el Secretario, –comenté pensativa. –Además, paralelamente podemos concertar reuniones con el sector privado para conseguir aliados en este proyecto.

–En eso los puedo ayudar, –interrumpió Pablo. –Conozco al presidente de la Cámara Argentina de Fabricantes de Maquinarias Agrícolas. Él nos puede presentar empresarios fabricantes de maquinarias a los que les pueda interesar mandar máquinas a las ferias de Nairobi y Mombasa.

Terminamos nuestras bebidas y nos despedimos con la promesa de encontrarnos nuevamente en la Cámara, ni bien consigamos acordar una entrevista con el presidente. El encuentro ocurrió unos días después. Nuestro objetivo fue verificar los precios y la posibilidad de exportación de máquinas usadas. Salimos de la reunión defraudados. Nos asombró corroborar que las maquinarias agrícolas argentinas, si bien son de una excelente calidad, no son competitivas en precio, comparadas con las que produce Brasil.

Tuvimos también algunas reuniones con funcionarios del Instituto Nacional de Tecnología Agropecuaria (INTA) para analizar aspectos tecnológicos como: la genética de las semillas que se podrían utilizar, los análisis satelitales de suelo, los tipos de cultivos más apropiados para Kenia, entre otras cuestiones. Todo con la intención de lograr el apoyo o algún tipo de intercambio de conocimientos tecnológicos entre ambos países.

El secretario de Agricultura cumplió con su palabra y coordinó un encuentro con nosotros tres y con el grupo que lidera Isidoro Bareja. Llegamos puntualmente a la cita. En el pasillo aguardaban cuatro personas y supusimos que eran los otros invitados a la misma reunión, de modo que los abordamos; corroboramos que formaban parte del grupo y comenzamos a presentarnos cuando la asistente del Secretario nos llamó. Entramos, nos sentamos y, luego de las presentaciones de rigor tomó la palabra el directivo de una de las organizaciones que integran el grupo.

–Señor Secretario, hoy el Ministerio de Economía publicó una reglamentación que, si la tenemos que cumplir, todas las empresas fabricantes de maquinarias agrícolas nos iremos a la quiebra, – dijo con un tono exagerado.

–¿Qué pasó?, – preguntó el Secretario.

–Sacaron una resolución que nos obliga a liquidar las divisas por exportaciones en un plazo máximo de seis meses, –respondió el directivo indignado.

–Usted conoce nuestra actividad, –dijo, sabiendo que el Secretario es ingeniero agrónomo y fue decano de la Facultad de Agronomía de la Universidad de Buenos Aires.

–Las maquinarias que exportamos, en promedio, las cobramos a los ocho meses del embarque. –Si tuviéramos que ingresar las divisas de algo que no cobramos, la medida nos pone en una situación financiera vulnerable, porque tendríamos que pedir créditos. Por otra parte, si acortamos el plazo de pago, nuestros clientes no nos van a comprar más. Seguramente comprarán a los brasileros que tienen mejores precios y otorgan largos plazos para pagar, –concluyó enojado.

–Hablaré con ellos, –prometió. –Vamos a solucionar el problema de ustedes.

La reunión continuó con los temas específicos de Kenia, pero no nos aportó nada nuevo a nuestro proyecto. Lo más enriquecedor fue el conocimiento personal de los directivos de algunas empresas que integraban el Consorcio *Exportar* y de Isidoro, quien demostraba conocer Kenia profundamente, a su gente y su idioma. Nos despedimos de Pablo y, una vez más, al salir fuimos a la confitería próxima al Ministerio para continuar intercambiando informaciones sobre nuestras experiencias en Kenia.

–¿Alguno de ustedes ya exportó algo a Kenia?, –pregunté.

–Nosotros exportamos a varios países de África, pero en Kenia aún estamos en la fase de aprobación de nuestros productos, –dijo el representante de la empresa de insumos agropecuarios.

–Nosotros también tenemos varios países africanos como clientes, inclusive en Sudáfrica tenemos un representante y un depósito, –dijo el director comercial de la empresa fabricante de silos bolsa.

–El problema de nuestro producto en los países en donde la población tiene hambre es la seguridad, –agregó.

–¿Te refieres al riesgo de que roben los silos bolsa con la producción?, –pregunté.

–Sí. En esos lugares al costo del ensilaje hay que añadirle el costo de la seguridad. Recuerdo el caso en un país de África en el que protegieron el área en la que almacenaban los silos con alambre olímpico y con guardias armados, –dijo.

–¿Guardias armados?, –pregunté.

–Sí, y en una oportunidad dispararon y mataron a un grupo de personas que pretendían robar granos de las bolsas, –agregó.

–Bueno pero en Kenia no es tan grave. Solo hay ese tipo de riesgo en la frontera con Somalia y allí por ahora las tierras son vírgenes, no hay agricultura, –dijo Isidoro. –En las regiones agrícolas muchos campos ni siquiera tienen alambrados, –agregó.

–Parece que conoces bien el país, Isidoro ¿viviste mucho tiempo en Kenia?, –pregunté.

–Doce años y quisiera volver. Espero que hagamos negocios en breve con las empresas del grupo, así regreso y los represento. Les dejo mi tarjeta con mis datos y si les parece la semana próxima paso a visitarlos en vuestras oficinas, –dijo entregándole la tarjeta a Rafael.

Terminamos nuestras bebidas y nos retiramos. Ellos continuaron conversando y percibí que Isidoro comenzó a escribir en un talonario que parecía de facturación.

–¿Qué te pareció la reunión y este grupo de empresarios?, –me preguntó Rafael.

–Sinceramente de la reunión con el Secretario no saqué ninguna conclusión. No veo ningún aporte concreto por parte del Gobierno. Apoyan nuestras iniciativas privadas pero no nos otorgan ningún tipo de ayuda, ni facilitándonos el envío de maquinarias, ni promoviendo un *stand* argentino en las ferias de Nairobi y Mombasa, –respondí.

–En cuanto al grupo de empresarios creo que le pagan una mensualidad, o algo parecido, a Isidoro para que promueva sus productos en Kenia y posiblemente les paguen también los viajes y los gastos para conseguir las aprobaciones gubernamentales necesarias, –agregué.

–Sí, eso es muy posible, –concordó Rafael. –Hay que ver hasta cuándo continuarán invirtiendo trayendo kenianos aquí y llevando a Isidoro para allá, sin cerrar ningún negocio, –agregó Rafael pensativo.

A medida que íbamos avanzando con el proyecto y reuniendo informaciones fuimos configurando algunas ideas y reflexiones que compartimos con nuestros colegas en Kenia, Mwaria Ruto y Francisco Vieytes. Todos teníamos muy claro lo que queríamos hacer, "nuestro proyecto", como lo llamábamos Rafael y yo, "su sueño" como lo llamaba Mwaria. Queríamos exportar un modelo de organización para la producción de alimentos en Kenia, similar al sistema argentino: siembra directa, grupos de empresas especializadas en las diferentes labores que requieren los cultivos, sistema de almacenamiento de granos en el lugar de producción y otras prácticas que resultan innovadoras para Kenia. Para eso teníamos que comenzar con una unidad productiva en la que pudiéramos poner a prueba el sistema.

Nuestra experiencia empresaria nos llevó a clasificar el proyecto dentro de la categoría de "muy alto riesgo", lo que implica una alta volatilidad en los resultados: o grandes ganancias o grandes pérdidas. Esta percepción era compartida por los directivos de la Universidad privada en la que participaban Mwaria y Francisco, y es por eso que decidió no participar en una primera etapa, reservándose la posibilidad de entrar en el proyecto en el futuro.

Ante coyunturas de este tipo entendíamos necesario tomar actitudes muy conservadoras como:

- Asegurarse de considerar todas las variables internas y externas al proyecto, para evitar sorpresas.

- Reducir al mínimo la volatilidad de cada una de las variables.

- Reducir las barreras de entrada y salida de la actividad.

- Minimizar todos los gastos de la etapa de formación.

De común acuerdo con Mwaria y con Francisco elaboramos un cuadro con las actividades previstas en las diferentes etapas del proyecto.

Luego de algunos intercambios de correos nos concentramos en todas las tareas que podíamos hacer a distancia y Mwaria y Francisco se abocaron a la tarea de buscar tierras y preparar el borrador de lo que sería el Estatuto Social de la nueva organización necesaria para implementar el proyecto. Propusimos armar una sociedad constituida en un 55 % por mí y por Rafael y el 45 % restante por Mwaria y Francisco. Este 45 % se podría distribuir, en el futuro en partes a determinar entre la Universidad y cualquier otra entidad relacionada con nuestro proyecto. El aporte financiero de capital de giro proponíamos hacerlo nosotros, desde una fundación, y en calidad de préstamo. También elaboramos un documento en el que detallamos las funciones y responsabilidades de cada una de las partes.

El proyecto estaba en marcha. Y eso implicaba una adrenalina inicial que en este caso era singular por las características tan únicas del desafío.

Trabajamos de acuerdo con los lineamientos generales que habíamos trazado si bien, como en todo proyecto en el que la distancia es grande y la comunicación poco frecuente, los contactos y el tiempo que cada uno de nosotros le dedicó al proyecto fueron disminuyendo.

–Recibí un correo bastante extenso de Mwaria, –dije entrando una mañana en la oficina de Rafael con el texto impreso en la mano.

–¡Qué bueno! Ya hace algunas semanas que no tenemos noticias de ellos. ¿Qué novedades tienen?, –preguntó Rafael.

–Dice que hay posibilidades de disponer de 4.000 acres de la diócesis en Kitui.

–Esa región no tiene un buen régimen de lluvias, así que la única posibilidad es el cultivo de la soja, –comentó Rafael.

–Sí, es verdad. Habría que decirle que busque otras alternativas donde podamos sembrar maíz o trigo, para no depender de un monocultivo. También nos propone contratar un gerente, –agregué.

–¿Un gerente, para qué si aún no tenemos ni tierra donde comenzar con el proyecto?, –dijo Rafael sorprendido con la iniciativa de Mwaria.

–Dice que es necesario para ocuparse de las tareas de *start up* del proyecto. En su correo nos describe el perfil del candidato Utendaji Ogole, –respondí.

–¿Utendaji no es la misma persona que conocimos el último día que estuvimos en Kenia? ¿Te acuerdas que Mwaria nos dijo que sería interesante conocerlo y fuimos a cenar con él?, –dijo Rafael.

–Sí, es verdad, yo ya lo había olvidado. Recuerdo que Mwaria nos dijo que quizás algún día podría ayudarnos con el proyecto. Ahora que leo su CV veo que es la misma persona, –dije leyendo la descripción que hizo Mwaria de Utendaji:

"Un hombre que tiene experiencia en negociaciones con instituciones gubernamentales en España, Angola, Ghana y otros países en África. Participó en negociaciones de exportación de café de Kenia y Tanzania a España. Como ingeniero, presenta el perfil ideal para poner en marcha la producción agrícola, contratando maquinarias y equipos y, además, coordinando las tareas del ingeniero agrónomo".

–Puede ser que tenga el perfil ideal para coordinar las tareas del ingeniero agrónomo, pero me parece que deberíamos contratarlo después de contratar al agrónomo, –dijo Rafael.

–No es la idea de Mwaria, –dije. –Él propone hacerlo de inmediato, inclusive sugiere darle una participación en la nueva sociedad que estamos constituyendo. Propone la siguiente composición societaria:

a) Rafael y Sofía 55 %

b) Una organización que es del Obispado 25 % (por ceder la tierra para trabajar)

c) Utendaji Ogole 10 % (como incentivo para poner en funcionamiento el proyecto)

d) Mwaria Rutu y Francisco Vieytes 10 %

–¿Propone darle el 25 % de la sociedad a la organización dueña de la tierra?, –exclamó Rafael más sorprendido aún.

–Es lo que escribe aquí, –le respondí.

–¿Y qué se imagina que haremos con los otros dueños de tierras con los que trabajemos en el futuro? ¿También le daremos el 25 % de la sociedad a cada uno para ser equitativos?, –indagó irónico Rafael.

– No, lógico que no. Creo que Mwaria se equivocó, lo que debe proponer es darle el 25 % del resultado que se obtenga de los cultivos, como participación o premio, además del pago del alquiler de la tierra, –dije intentando entender la intención de la propuesta de Mwaria.

–¿Y qué opinas de la idea de contratar a Utendaji y darle también una participación en la sociedad?, –me preguntó Rafael con ansias de verificar si pensaba como él al respecto de esta propuesta.

–Me parece imprudente comprometer un sueldo para una persona con expectativas de crecimiento, para administrar un negocio que ni siquiera comenzó y en el que existe altísimo riesgo e incertidumbre sobre el futuro para administrar un negocio que ni siquiera ha comenzado, –respondí viendo el alivio que se reflejaba en su rostro.

–Lógicamente que es más temerario aún el hecho de hacerlo partícipe de la sociedad, –concluí.

Dejamos estos temas pendientes hasta avanzar un poco más en el proyecto que retomamos algunos meses después. En septiembre de 2012 iniciamos la búsqueda de un ingeniero agrónomo para viajar a Kenia junto con nosotros el año próximo. A fines de ese mes la Argentina recibió una vez más la visita de una delegación keniana integrada por seis funcionarios del gobierno y 22 empresarios conectados con los agronegocios.

El grupo keniano recorrió las fábricas de las empresas del *pool* exportador que coordina Isidoro Bareja. Cuando regresaron a Buenos Aires el embajador de Kenia ofreció una cena y nos invitó, de modo que tuvimos la posibilidad de reencontrar miembros de la ADC y del KARI.

Todos estábamos muy entusiasmados con el proyecto y veíamos buenas perspectivas de tener éxito. Durante los meses finales del año, en la Argentina, nos concentramos en la búsqueda de un ingeniero agrónomo que quisiera permanecer un año en Kenia. Contactamos básicamente amigos y conocidos para "pasar la voz", teniendo claro que se trataba de un pedido un tanto difícil. En primer lugar porque no podíamos enfrentar costos fijos demasiado altos, entonces la propuesta de remuneración tendría que basarse en un sueldo fijo relativamente bajo, por ejemplo 500 dólares; una participación en los resultados alta y cubrir todos los gastos. Si bien el costo de vida en Kenia no es caro comparado con la Argentina, habría que comprar productos occidentales y son todos importados y caros. Además, al principio, por una cuestión de seguridad, no por lujo, el profesional tendría que disponer de un auto con chofer. A esto sumarle los gastos con hospedaje y los seguros de salud, vacunas y otros gastos médicos.

El perfil que trazamos era el de un profesional joven, soltero, ambicioso y arriesgado. Por eso cuando leímos uno de los currículums vítae que llegó, en el que en el sumario de calificaciones decía soy: "Innovador. Adaptable. Con capacidad de convicción y liderazgo. Expeditivo. De pensamiento crítico. Dinámico y eficiente"; nos dijimos "esta es la persona que buscamos".

Fabio Eslavi vino a la primera entrevista y nos comentó que había vivido en los EE. UU. dos años trabajando como administrador en un campo. Nos contó que tiene facilidad para crear vínculos interpersonales con profesionalismo e integridad. También resaltó su "excelente capacidad de negociación, organización y gestión estratégica de recursos".

Mantuvimos varios encuentros y le dimos mucho material para que tuviera información suficiente para poder tomar la decisión de ir a Kenia. Aceptó las condiciones que le ofrecíamos y tuvimos la última entrevista los primeros días de diciembre. Coordinamos que nosotros viajaríamos en enero y él, en febrero. Le dijimos que podía solicitar la visa de entrada como turista en el mismo aeropuerto de Nairobi y luego, una vez instalado en el país, tramitaríamos el contrato de trabajo y su permiso para permanencia en el país.

Pero, como en toda iniciativa en la que se toman decisiones rápidas para poder avanzar sin pausa, las contingencias suelen aparecer cuando no hay tiempo para buscar alternativas.

Unos días antes de la Navidad de 2012 intentamos comunicarnos con Fabio pero no tuvimos respuesta. Antes de año nuevo recibimos un prolongado *e-mail* en el que nos explicaba que había fallecido un tío en el interior y la familia le había pedido que asumiera la administración del campo que cuidaba el tío. De ese modo nos dio la noticia de que no iría a Kenia, de modo que todo el trabajo y esfuerzo que nos demandó la búsqueda y la contratación de un ingeniero agrónomo fue infructuoso, y así terminaron nuestros preparativos para emprender el viaje de 8 semanas en África.

Tercera Parte

Sofía y Rafael se embarcan para un nuevo viaje a Kenia. Esta vez permanecerán ocho semanas y tienen el propósito de "sembrar" las bases de un proyecto de organización de agronegocios al estilo argentino. Esta tercera y última parte relata las aventuras y desventuras empresariales que viven los personajes durante la búsqueda del cumplimiento de sus propósitos ¿Los tienen claros, los dos persiguen los mismos propósitos? La trama se balancea desde un extremo cooperativo y filantrópico hacia otro individualista y en el que reina la racionalidad económico-financiera.

Los días y las semanas transcurren y las dudas ocupan el lugar de las certezas ¿Por qué la experiencia de hacer cultivos por administración propia tendría mejores resultados en Kenia que en la Argentina? ¿Acaso no son las personas, en algunos aspectos, iguales en todas partes? No lo son. Los mismos comportamientos estereotipados en el mundo empresarial en Occidente, se presentan con matices muy diferentes y, a veces, ininteligibles.

Lo aprendido hay que desaprenderlo rápidamente para permitir el ingreso de nuevos conocimientos que permitan iluminar la práctica para comprenderla mejor. La incertidumbre sobre la posibilidad de disponer de hectáreas para sembrar en diferentes lugares para minimizar riesgos climáticos, la posibilidad de firmar contratos que otorguen las garantías mínimas para resguardar la inversión en la implantación de los cultivos y la duda sobre la estabilidad del ámbito político-institucional en un período de elecciones que los locales consideran turbulento, entre otros factores, permean la trama de esta parte del libro. El final del diario del viaje queda abierto al lector para que "teja" con sus reflexiones la trama del futuro de los agronegocios.

Capítulo 12
Llegada a Nairobi

Semana 1

El avión aterrizó a las 14:40 en punto. Era nuestra cuarta visita a Kenia. El aeropuerto y el camino hacia la ciudad no cambiaron mucho desde nuestra última visita. Aunque es cierto que se percibe una creciente ola de construcciones, en general, y de edificios comerciales, también. Inclusive el aeropuerto se está ampliando y modernizando. Rafael me miró cómplice y me dijo:

–¿Qué sucederá esta vez?

Entre divertidos y expectantes recordamos el episodio que nos ocurrió en el mostrador de VISA COUNTER, la primera vez que pisamos suelo africano. Allí, lógicamente, se otorgan los permisos para entrar y permanecer en Kenia. Todo comenzó cuando intentamos abonar la visa (que cuesta US$ 50 por persona) y le extendimos al oficial un billete de US$ 100. En ese momento supimos que solamente se aceptaban billetes emitidos después del año 2000. ¡Y nosotros solo teníamos billetes "viejos"!

Rafael y yo miramos instintivamente alrededor buscando algún cartel que señalara esta normativa. No encontramos nada. Por eso le pedimos al oficial que nos permitiera pasar la barrera de inmigraciones, utilizar una máquina para extraer *Kenyan Shillings* y comprar dólares para pagar la visa exigida.

–No. *You cannot trespass*, –recibimos como única respuesta.

Nuestra desesperación aumentó y después de mucho insistir me permitieron pasar solamente a mí. Rápidamente realicé la transacción, pagamos y, finalmente, ingresamos al país.

Toda esta escena pareció desvanecerse y quedar desactualizada cuando, en esta oportunidad, le dimos al oficial un flamante billete de US$ 100 junto con nuestros pasaportes. Pero con una amplia sonrisa dijo:

–*Oh, Argentinians, you can give me more.*

Mi sorpresa fue enorme y, como creí no entenderle, le pregunté:

–*What do you mean?*

–*Money!*, –dijo, sin más.

Al unísono dijimos Rafael y yo:

–¡Buen comienzo!

A la salida del aeropuerto nos encontramos con Mwaria que nos había ido a buscar, y de allí fuimos al departamento que habíamos reservado en el complejo Yaya. Este complejo habitacional consta de una torre con departamentos para alquilar por mes y un *shopping center*. En un principio habíamos pensado en alquilar un departamento pequeño con dormitorio y sala. Pero el que nos asignaron no tenía nada de pequeño. ¡Eran 150 m²!

Fuimos recibidos con mucha cordialidad. En el departamento encontramos un buqué de flores y una cesta con frutas y además nos habían dejado en el refrigerador, agua, leche, cerveza, mermelada, pan y galletas, como cortesía. Esta opción de hospedaje, si bien es cara, resulta sumamente práctica al tener todo lo que uno puede necesitar.

De modo que, luego de conversar un poco sobre los próximos pasos que daríamos para avanzar con el proyecto, nos instalamos. Cuando salí para hacer compras en el supermercado me sentí como en casa porque ya conocía algunas peculiaridades del lugar: si uno no va a comprar mucho es mejor escoger un carrito pequeño porque en los pasillos hay que andar esquivando a los empleados del supermercado que permanentemente limpian el piso o arreglan la mercadería. Además, hay que estar preparado para pagar en efectivo porque, si bien el lugar es muy moderno y tiene mercadería importada del mundo entero, aún no trabajan con tarjeta de crédito.

Al final de la tarde nos reunimos con la persona que Isidoro Bareja nos había recomendado como su "mano derecha" en Nairobi. Este hombre se presentó elegantemente vestido de traje oscuro y corbata, nos contó que se especializaba en finanzas, que hizo un posgrado en una Universidad en los Estados Unidos y se colocó a nuestra disposición para lo que precisáramos. Le consultamos la tarifa para rentar por día un coche con chofer y nos cotizó un valor 70 % más caro que el de la compañía que contrata la Universidad para realizar los transportes de su personal. De modo que, en principio, decidimos no pedirle mucho más que recomendaciones de personas o empresas que tuvieran interés en realizar contratos de administración de sus tierras.

Por la noche cenamos en un restaurante español con Mwaria y otro profesor español que se encontraba terminando su semana de clases en Nairobi y allí tuvimos la segunda sorpresa del día (debo reconocer que en este caso fue agradable). El dueño del restaurante resultó ser un joven español que unos tres años atrás nos había consultado en Pamplona sobre alguna idea de negocios en Nairobi, porque se casaba y a su novia, por cuestiones laborales, la transferían a Kenia. En ese momento lo único que le pudimos ofrecer era una representación para la venta de aceite de canola, cuyo mercado habíamos explorado en nuestro segundo viaje a Kenia. Allí supimos que Mwaria le ayudó a encontrar inversores con cuyo capital instaló ese restaurante en una casa inmensa con un amplio jardín en las afueras de la ciudad.

Como Rafael y yo llevamos en nuestro ADN el concepto de negocio, no pudimos dejar de opinar al respecto de las posibilidades de éxito del flamante restaurante.

Fortalezas:

a) el restaurante español es el único en su género;

b) y cuenta con la dedicación exclusiva de su dueño.

Debilidades:

a) el lugar donde está emplazado el restaurante es muy grande, con muchos costos fijos para mantener y podría haber comenzado en un sitio más chico;

b) la localización está un tanto distante del centro y es de difícil acceso (por el momento);

c) el restaurante no cuenta con otro atractivo más que la comida. Por ejemplo, no había música y en África, en general, se aprecia mucho la música y la danza.

Nos despedimos con la alegría del reencuentro y pensando que el tiempo nos dará, o no, la razón a nuestras opiniones.

Visita a Narok. Una alfombra amarilla

A las 8:30 dejamos nuestro departamento para encontrarnos con el chofer y el auto que nos llevaría a Narok. Sobre la mesa del comedor dejamos una nota con los siguientes datos:

- Día en que emprendíamos el viaje

- Lugar al que nos dirigíamos

- Nombre y número de móvil del chofer

- Fecha en la que regresaríamos

Aprendimos a tomar este recaudo de seguridad en un hotel en Fez, Marruecos. En aquella oportunidad, cuando le comentamos al gerente del hotel que habíamos sido invitados por el dueño de un negocio de ropas a cenar en su casa en la Medina, nos recomendó que dejáramos en la habitación del hotel una nota con las referencias que teníamos de nuestro anfitrión, el lugar al que íbamos, el horario de salida y el horario previsto de regreso. Si al día siguiente no nos encontraban, al menos tendrían alguna información para iniciar nuestra búsqueda.

Cuando partimos de Nairobi no teníamos ningún plan en especial, la idea era hacer un viaje exploratorio visitando la zona de Narok y, en el mejor de los casos, acceder a alguna propiedad agrícola para verificar cómo trabajan y también poder familiarizarnos con sus costumbres y observar detalles que van completando un contexto siempre complejo y difícil de aprehender. El viaje de ida nos tomó alrededor de dos horas y media. En el camino pudimos observar los cambios que presentaba el paisaje: zonas semiáridas en donde solo había ganado, contrastaban con regiones fértiles en los que se podían apreciar los rastrojos del último cultivo (en este caso, maíz). Observamos otras tierras en las que se cultivan papas, zanahorias y repollo, que los productores venden al lado de la ruta. En algunos sitios pudimos reconocer el sistema de "secado" del trigo que realizan de la siguiente manera: desparraman los granos sobre una lona enorme (entre 50 y 100 m²) y un grupo de hombres descalzos caminan revolviendo los granos para exponerlos al sol. Me llamó mucho la atención y pensé que ese trabajo semejaba un extraño baile sobre una alfombra amarilla. Nos quedamos conversando un largo rato con Rafael sobre esta particular costumbre.

Pasamos por varios pueblitos. Todos orientados hacia la ruta. Al lado del asfalto, casi en la banquina, se instalan los comerciantes (vendedores ambulantes) y los lavadores de autos. Estos realizan un trabajo realmente "artesanal". Con un tanque de unos 100 litros de agua munidos de una manguera y varios trapitos, enjabonan y enjuagan los vehículos.

Por ser domingo se podía apreciar el desfile de personas muy elegantes yendo de un lado a otro. Los hombres vestían traje con corbata y las mujeres, atuendos brillantes y coloridos. Se destacaban las niñas con sus vestidos almidonados y lazos en el cabello.

–Es curioso, –le dije a Rafael –cómo me fui acostumbrando a este paisaje en donde la suciedad y la pobreza de las casas contrasta con la impecable vestimenta de las personas que van a tono "con el día domingo".

–Será que te estás adaptando a su cultura, –respondió Rafael sin dejar de mirar por la ventanilla del auto.

Era cierto. En mis primeros viajes me esmeraba en sacar muchas fotos de los pueblitos que encontrábamos al lado del camino y lo que más me impactaba era la montaña de residuos entre los que vivía la gente sin parecer darse cuenta. ¿Había incorporado ahora yo también la suciedad al paisaje y por ende, ya no la notaba?

Al aproximarnos a nuestro destino, la región de Narok, vimos al lado de la ruta, un complejo de silos metálicos, camiones con granos, balanza y, a pesar de ser domingo, parecía que había alguna actividad. Paramos y después de conversar con algunos hombres nos indicaron el nombre de un productor que, según ellos, produce en gran escala y, además, vive en el campo. Nos señalaron cómo llegar hasta su propiedad y allí nos dirigimos.

El sitio estaba un tanto alejado de la ruta principal (alrededor de 11 kilómetros campo adentro) y tomamos un camino de tierra bastante destruido en busca de ese establecimiento. Por momentos nos sentíamos como dos exploradores en el medio de una aventura exótica.

–Mira, Sofi, –dijo Rafael. –Esta propiedad es eminentemente agrícola. Los lotes están bien delimitados y se ven los rastrojos de los cultivos anteriores.

–Sí, –acoté. –Y allí hay aldeas de Massais que se dedican a la cría de ganado.

Cuando pensábamos que estábamos perdidos, a lo lejos vimos una camioneta que circulaba bastante rápido (señal de que conocía bien el terreno). La seguimos como pudimos y así llegamos a un complejo de casas, un gran tinglado que cubría silos para granos y diversos tipos de maquinarias agrícolas. Salió a nuestro encuentro un empleado con cara desconfiada, principalmente cuando nos vio a Rafael y a mí. Rápidamente nos presentamos. Le explicamos que éramos argentinos, también productores agropecuarios, y luego de intercambiar algunas palabras observamos que nuestro interlocutor se relajó y decidió presentarnos a quien dirigía la camioneta que habíamos visto antes y que resultó ser el gerente del establecimiento.

Después nos invitó a pasar a su oficina y allí nos dedicó casi una hora contándonos qué y cómo producen. El área que trabajan es de aproximadamente 2.000 hectáreas y la tierra es alquilada. Descubrimos algunas diferencias significativas con el modelo argentino:

El contrato de alquiler lo celebran anualmente y pagan la totalidad del alquiler por anticipado. Esto significa que todos los años tienen que discutir los precios del arrendamiento y nunca tienen la seguridad de que el contrato se renueve. De modo que para ellos existe la posibilidad de quedarse sin esa tierra para trabajar y tendrían que, o bien pagar el nuevo arrendamiento que pide el propietario, o salir a buscar otras tierras. En la Argentina los contratos más cortos tienen una duración de 3 años, inclusive para poder darle la chance a quien produce de compensar un año de mala cosecha con otro mejor.

Las máquinas que utilizan para sembrar, fertilizar, pulverizar y cosechar son todas propias. Significa que tienen un gran capital invertido ocioso durante gran parte del año. Cuando siembran, en general, lo hacen en dos semanas. Emplean tres sembradoras en simultáneo para terminar lo antes posible antes de las lluvias. Luego esas máquinas quedan paradas hasta la próxima siembra al año siguiente. Además, si por alguna razón no renovaran el contrato con el dueño de la tierra, se verían obligados a desplazar un parque de máquinas de un campo a otro. Tema bastante problemático dado el estado de los caminos. En la Argentina, los nuevos modos de organización empresarial se basan en que tanto la maquinaria como la tierra son rentadas. Quien posee un parque de maquinarias agrícolas trabaja varias decenas de millares de hectáreas en distintas regiones, optimizando su amortización.

Al tener un modelo de producción integrado necesitan emplear más mano de obra, de modo que en ese establecimiento se empleaban aproximadamente 25 personas. Todos con sueldo fijo y, en momentos de pico de trabajo, contratan, además, jornaleros.

No conocen la siembra directa y no tienen en cuenta que, para preservar la fertilidad del suelo con una agricultura sustentable, es necesario rotar los cultivos: si un año en un lote se hizo maíz, en el próximo se debería plantar trigo, por ejemplo. Si la zona es netamente triguera, entonces, habría que buscar una alternativa para rotar el trigo, como, por ejemplo, con la canola.

Supimos (por lo conversado con el gerente del establecimiento que visitamos) que ninguna de estas cuestiones son tenidas en cuenta. Ellos producen mayormente trigo y tienen costos un poco más altos porque se ven obligados a fertilizar más el suelo para obtener rendimientos por hectáreas aceptables.

De regreso al auto Rafael comentó:

–Además del desconocimiento que poseen sobre el sistema de siembra directa…

–Y con la falta de maquinarias apropiadas para implementarlo, – interrumpí.

–Claro… Todo esto podría resultar un inconveniente para iniciar nuestro proyecto… –dijo pensativo.

–Espera, Rafa. Primero conversemos con los ingenieros agrónomos que nos recomendaron y después tomaremos la decisión más apropiada respecto del sistema con el que comenzaremos a trabajar.

–Sí, –afirmó. –Siembra directa o siembra convencional.

Con estas ideas en la cabeza regresamos a Nairobi al final de la tarde. El viaje resultó ser productivo y cansador. A pesar de tener muchos interrogantes, nos sentimos satisfechos porque en este primer viaje exploratorio habíamos conseguido mucha y valiosa información de primera mano.

Capítulo 13
Una agenda organizada

Semana 2

Lecciones aprendidas a lo largo de una carrera hay muchas. La clave es detectar cuáles se aplican a cada nuevo problema. Nuestra experiencia nos indicaba que para llevar adelante cualquier negocio hay que tener una agenda bien organizada. Así, con Rafael, nos abocamos inmediatamente a revisar nuestros contactos y resolver algunas incógnitas que fueron surgiendo en nuestras sucesivas visitas a Kenia. Por ejemplo, asesoramiento externo ¿Encontraríamos abogados, agrónomos y otros asesores competentes y confiables?

Necesitábamos un profesional en Derecho que pudiera revisar los contratos de constitución de la sociedad y de *management* de la tierra. Así fue que intentamos contactarnos con la Embajada Polaca (pensando que podríamos obtener alguna indicación) pero no fue posible. Supimos que ellos tienen la política de no hacer indicaciones de este tipo. Entonces, recurrimos a la Embajada Argentina que anteriormente en Buenos Aires nos había indicado un estudio que podría asesorarnos en Nairobi, pero en su momento no pudimos combinar una reunión porque no conseguimos comunicarnos.

Cuando, finalmente, logramos contactarnos con la Embajada Argentina nos enteramos de que algunas personas que nos habían señalado para asistirnos en nuestro proyecto habían sido transferidas a otros destinos. De todas formas nos contactamos con un funcionario que habíamos conocido dos años antes y que se encontraba de paso por Kenia, quien nos informó sobre los traslados y se comprometió a buscar otro estudio jurídico para consultar.

Con los ingenieros agrónomos tuvimos mejor suerte, porque logramos acordar dos entrevistas para esa semana, y en cuanto a las reuniones con productores de materias primas e insumos agrícolas también pudimos organizar encuentros en los que chequearíamos los cálculos de costos para la implantación de los cultivos.

Luego de organizar la agenda pensamos que sería una buena idea conseguir un chofer confiable para transportarnos durante nuestra estadía, sin precisar extenuantes negociaciones cada vez que realizábamos un viaje. Revisé mi colección de tarjetas del año anterior y encontré la de Peter, un señor de mediana edad que tenía su parada en el hotel donde nos habíamos hospedado entonces. Peter conocía bien la ciudad y quizá se acordaba de nosotros y nos podría hacer precios razonables. Cuando lo llamé recordé que su inglés era pésimo y por teléfono, peor aún. Logró entender que estábamos en Yaya Shopping, de modo que al final de la tarde bajamos y allí lo esperamos. Cuando lo vio a Rafael, casi dio un grito de alegría al reconocerlo y lo abrazó y saludó al estilo keniano, chocando los hombros opuestos de cada uno. Yo también me alegré de verlo, me hacía sentir "en casa" con su afecto y cordialidad.

Subimos a su auto y decidimos visitar el *Westgate Shopping Mall*, uno de los más importantes *shopping centers* en Nairobi. El edificio fue inaugurado en 2007 con 32.500 m². Tiene tres niveles con aproximadamente 80 negocios. Lo primero que decidimos visitar fue el supermercado *Nakumatt*, la red de supermercados más importante en Kenia, perteneciente a una familia hindú. Nos llamó la atención su moderna instalación pero, más aún, la variedad y la calidad de los productos ofrecidos en sus 10.200 m², en su mayoría importados de los más diversos lugares del mundo. Este, como otros supermercados que visitamos en Nairobi, emplea una gran cantidad de personas que están dispuestas a prestar ayuda ante cualquier duda o necesidad de información.

El *shopping* no presenta muchas alternativas gastronómicas, de modo que elegimos el *Onami*, un restaurante que ofrece la *nouvelle cuisine* japonesa y, para terminar el día la degustamos acompañada de un Malbec argentino.

Nuestro primer contacto con proveedores

Por la mañana tuvimos la primera reunión con un representante de Monsanto, empresa multinacional productora de semillas y herbicidas que eliminan las malezas en los cultivos. En el caso de la soja, el paquete tecnológico que ofrece Monsanto es una semilla genéticamente modificada resistente a los herbicidas a base de glifosato. De ese modo, al pulverizar el cultivo de la soja, el productor elimina todas las hierbas y plantas dañinas al cultivo, y no afecta a la soja. La persona que gentilmente accedió a visitarnos en nuestro lugar de trabajo era un ingeniero en cultivos graduado en Canadá y que ocupaba el cargo de *Seeds Operation Manager*.

Para la reunión contábamos con una planilla de cálculo en la que habíamos introducido los datos que teníamos para los cuatros principales cultivos que nos proponíamos implantar: maíz, trigo, canola y soja. Nos focalizamos en el maíz y en el trigo que son cultivos habituales en Kenia, dejando la canola y la soja para un segundo momento de nuestro proyecto.

El intercambio de informaciones comparativas sobre lo que usamos en la Argentina (en términos de productos y cantidades por hectárea) fue sorprendentemente diferente, tanto para nosotros como para el ingeniero keniano. Así supimos que todo el país está clasificado en diferentes biozonas, básicamente en relación con la altitud y el régimen de lluvias con el que cuentan. Dentro de cada una de estas biozonas, la empresa recomienda un determinado tipo de semilla y de insecticidas/herbicidas/fungicidas en cantidades relativamente menores a las que se usan en la Argentina. Del mismo modo, nos sorprendió el costo de las semillas por hectárea que es, aproximadamente, menos de la mitad (medido en dólares estadounidenses). En mi agenda hice algunas anotaciones:

- Probablemente cambiará la *GMO policy*, es decir, que es posible que se acepten las semillas de soja genéticamente modificadas para resistir al glifosato. En Kenia prevalecen los intereses británicos porque mantienen los mayores vínculos comerciales y, aparentemente, son los que entienden que adoptar una soja genéticamente modificada solo beneficia a las multinacionales estadounidenses que detentan el paquete tecnológico para cultivarla.

- KARI en Njoro tiene un departamento de soja.

- KENYA SEED, compañía del Gobierno que vende semillas

a los privados, y SIMLAW SEEDS que es una subsidiaria serían las empresas competidoras locales de Monsanto.

• MONSANTO no vende directo. Vende a un agente con plazo para pagar de 30 días, quien, a su vez, revende los insumos al productor al contado. Si producimos en más de 500 hectáreas podríamos intentar negociar directamente con la empresa fabricante, evitando al revendedor.

La primera entrevista con un ingeniero agrónomo

Cuando aún estábamos en la Argentina organizando el viaje a Kenia le habíamos pedido a Mwaria y a Francisco que buscaran algún ingeniero agrónomo local. Indudablemente íbamos a necesitar asesoramiento específico. Y así fue.

Media hora antes de la hora pactada para la entrevista se presentó en nuestra oficina Uhuru Njenga (nunca supimos con seguridad quién lo recomendaba o quién de todos nuestros contactos lo conocía). En fin, delante de nosotros teníamos a un hombre vistiendo un impecable traje oscuro y que nos extendía –con una amplia sonrisa– su CV junto con una carta de recomendación de la Universidad en la que había cursado sus estudios. Si bien la carta alababa sus cualidades y lo recomendaba para ejercer funciones relacionadas con el currículum vítae de su carrera, parecía una carta modelo, no personalizada. Pero lo interesante resultó que, mientras Rafael iniciaba la conversación, yo me detuve curiosa en un Anexo del CV en donde figuraban las calificaciones obtenidas en su "High School". Por delicadeza no quise preguntarle sobre la escala utilizada en las calificaciones, ya que figuraba un 6 como nota más alta y un 3 como la más baja. Me entretuve pensando que, si se utilizó una escala de 1–10, su performance no había sido de las más brillantes. Estaba ocupada en estas reflexiones cuando Rafael me pregunta:

–¿Quisieras hacerle al Sr. Uhuru alguna pregunta inicial?

–¡Sí!, – respondí rápidamente. –Quisiera que nos contara acerca de su actual situación laboral.

Así, supimos que se encontraba trabajando para un estudio de consultoría agronómica que administraba una propiedad mediana, cuyos tres dueños no actúan en el negocio y tercerizan su explotación. Su contrato de trabajo vencería en mayo y él no estaba muy dispuesto a renovarlo porque le gustaría probar algo diferente.

–¿Qué es lo que lo hace sentirse incómodo en su actual trabajo?, – preguntó Rafael.

–Vea, usted. Mi performance profesional en el año anterior ha sido muy buena. De hecho, he recibido un *bonus* adicional de un salario y medio más, –respondió Uhuru.

–¿Y eso le disgusta?, –agregó Rafael.

–¡Desde ya que no! Pero pretendo desempeñarme con más autonomía. Estoy a la búsqueda de nuevos desafíos. Me ha sucedido que, ante la necesidad de sembrar –por ser el momento oportuno– la administración del campo no me enviaba ni las máquinas ni las semillas ni, inclusive, los fertilizantes.

La entrevista duró unas tres horas en las que intercambiamos datos sobre precios de la tierra, los insumos básicos, la maquinaria y el transporte. Toda la información que obtuvimos y que comparamos con la que conocíamos de la Argentina nos resultó sorprendente, una vez más. Más allá de que algunas labores o insumos sean más caros en un país que en otro, la problemática de la administración de un campo parecía ser muy similar. La disponibilidad de máquinas parecía ser el mayor inconveniente, visto que en Kenia no se fabrican, en general, y se importan usadas de Gran Bretaña. El costo de maquinarias nuevas es muy alto y podría decirse que prohibitivo para el mediano y pequeño productor, que en Kenia su número es minúsculo.

A medida que la conversación con Uhuru Njenga avanzaba

vinieron a mi mente recuerdos de lo que nos ocurrió en la Argentina cuando nos iniciamos en el negocio agropecuario. En aquel momento vivíamos en Brasil y teníamos una industria química en la que empleábamos alrededor de 200 personas y constituía nuestro negocio principal, mientras que el nuevo agronegocio en la Argentina era una actividad distante y secundaria para nosotros. Fue entonces que me di cuenta de que lo que estábamos iniciando en Kenia tenía las mismas características de aquellos comienzos en la Argentina. Inmediatamente recordé algunas de las desventuras por las que habíamos pasado, principalmente por ser dueños "ausentes" del negocio.

Siempre se repetía la misma historia: si conseguíamos superar la carencia de maquinarias y sembrábamos en fecha, teníamos que enfrentar la carencia de máquinas para cosechar antes de que la lluvia "barriera" los cultivos. Otro problema era la mano de obra. Los empleados faltaban cuando más se los necesitaba, bebían y hasta robaban. Pero los inconvenientes no paraban allí. También tuvimos muchos problemas con el ingeniero agrónomo encargado del establecimiento. En general, las personas valoraban significativamente la "autonomía" para decidir pero, cuando nosotros se la dábamos, sobrevenía otra cuestión que era qué hacían ellos con esa autonomía. Por ejemplo, algunos ocupaban el tiempo –que deberían dedicarle a nuestro establecimiento– a cuidar de sus otras ocupaciones que mantenían en paralelo, y llegaban a utilizar nuestros recursos para sus negocios particulares. Otros insistían en seguir un modelo productivo que no nos satisfacía sin darnos explicaciones razonables acerca de los motivos por los cuales se debería insistir en una forma de producción que no daba resultados y mal conseguíamos pagar los gastos fijos. Incluso, los más jóvenes aprovechaban la oportunidad y "la autonomía" que les ofrecíamos para aprender, a costa de que nosotros sufriéramos las consecuencias económicas de sus errores y luego se iban y se empleaban en compañías más grandes o comenzaban a trabajar por cuenta propia.

A estas situaciones había que sumarle los trágicos accidentes: el encargado nos informaba que había chocado, que nos habían robado ganado, que por impericia habían muerto una decena de vacas con cría o, como dicen en el campo, se "habían puesto la camioneta de sombrero", es decir, habían volcado, y como resultado, la pérdida total del vehículo. El aspecto positivo, hay que reconocerlo, fue que nunca hubo que lamentar vidas humanas.

Todas estas escenas pasaron como un flash por mi mente y, cuando tomé conciencia de que estábamos conversando con un candidato a gerente de nuestro nuevo proyecto, me pregunté si no se repetirían los mismos hechos pasados hacía ya algunas décadas.

Uhuru a esa altura de la entrevista había respondido todas nuestras preguntas con mucha seguridad, pero no había hecho ninguna, de modo que le explicamos brevemente en qué consistía nuestro proyecto e indagamos específicamente cuáles eran sus condiciones para unirse a él.

–Verán. Yo necesito mejorar mi actual salario para unirme a su proyecto, –dijo. –Además, mi familia se encuentra en Eldoret, a 150 km de aquí. Necesitaría un transporte para ir a verlos los fines de semana. El vehículo podría ser una Pick up Toyota de 10 años. Eso estaría bien para mí.

También pidió un lugar para vivir durante la semana (en el caso de que no hubiera un lugar en el propio campo). Nos comentó que él mismo podría comprar su comida y cocinarse. Nosotros solo tendríamos que proveer extras de comida y cocinera en los momentos de la siembra y de la cosecha. Por último, nos solicitó un mes de aviso previo para comenzar a trabajar.

La entrevista finalizó en términos muy corteses y agradables y le prometimos darle un *feed-back* sobre nuestra decisión en las próximas 48 horas. Además de entrevistar a otro candidato precisábamos reflexionar y compartir nuestras impresiones con nuestros *partners*.

Pero tanto Rafael como yo coincidimos en que el candidato no negoció el salario y tuvimos dificultad para aproximarnos a su pretensión salarial. Además, no formuló ninguna pregunta; solo respondía a las nuestras.

La información social, económica y técnica que habíamos obtenido desde nuestra llegada, en su conjunto, me indicaba que estábamos en un momento oportuno para analizar lo que nos proponíamos hacer y cómo lo haríamos. Aparentemente en el sector agrícola keniano existen tres grandes grupos de productores agropecuarios:

- Los pequeños o miniproductores dueños de sus tierras. De acuerdo con el representante de Monsanto, en la biozona **A** la superficie promedio de estos establecimientos es de 8 hectáreas y en la biozona **C**, de 1 hectárea. En general, el establecimiento es familiar y todas las labores son manuales, (desmalezado, siembra y cosecha). Consumen todo lo que producen y la tendencia es hacia el déficit de producción más que el excedente.

- Los productores medianos dueños de tierras. Todos son kenianos porque existe una ley que prohíbe comprar tierras a los extranjeros pero, en el caso particular de propiedades de entre 200 y 1.000 hectáreas, mayoritariamente están en manos de kenianos blancos de origen inglés. Las labores están tecnificadas y la maquinaria es propia del establecimiento.

- Las grandes extensiones de tierra pertenecientes a grupos de poder que, en general, no se dedican a la producción agropecuaria sino a otras actividades, como la abogacía, la administración pública y la política, entre otras. Estas tierras son alquiladas a terceros que las explotan.

Con Rafael permanecimos un buen rato en silencio revisando los apuntes que habíamos tomado durante la entrevista.

–¿Quiénes serían nuestros aprovisionadores de tierra, Rafa?, –dije.

–¿Acaso los pequeños productores?

–No lo creo. Piensa que por el tamaño de sus propiedades sería necesario juntar muchos vecinos para lograr una superficie económicamente rentable, –sentenció Rafael.

–¿Y los medianos productores?, –volví a preguntar.

–Tampoco. Ellos trabajan con las mejores prácticas tecnológicas, como la siembra directa. ¿Por qué irían a entregarnos el *management* de sus establecimientos si ellos lo hacen bien y ganan muy bien también?

–Entonces, –afirmé rápidamente, –solo nos resta alquilar parcelas de las grandes extensiones, en las que competiríamos con las personas que actualmente arriendan esos campos.

–Pero, ¿por qué los dueños de la tierra irían a cambiar de arrendador? ¿Cambiarían a alguien local y conocido por otra persona extranjera y desconocida?, –preguntó Rafael.

Estos interrogantes quedaron en el aire y permanecimos en silencio unos minutos. Yo comencé a escribir en mi libreta de apuntes mientras Rafael me observaba.

–¿Qué escribes?, –me dijo curioso.

–Tenemos dos posibilidades. Déjame terminar esta idea y ya te explico. Sabes que razono mejor cuando pienso por escrito...

Rafael aguardó con paciencia a que yo terminara.

–Tenemos dos posibilidades, –como te dije antes, –: la primera es negociar con dueños de campos que nunca fueron trabajados, y la segunda es ofrecer un tipo de *management* o servicio de administración del campo en sociedad tan original, innovador y atractivo que pudiese persuadir a los que no quieren asumir el riesgo de explotar su propiedad, pero al mismo tiempo buscan resultados más altos que un mero alquiler. ¿Qué te parece?

–Con respecto a la primera opción tendríamos que incurrir en los costos adicionales de desmonte y preparación de la tierra ¿No te parece mejor la segunda opción?, –respondió Rafael.

–¡Definitivamente! Creo que aquí es donde debemos focalizarnos. En ese caso es necesario ofrecer algo diferente, más allá de la posible ventaja económica que pudiera resultar luego de nuestra administración. Es necesario "inventar un océano azul" en el que pudiéramos navegar sin demasiadas amenazas de los competidores por tierras, que podrían elevar los precios. Es necesario crear algún tipo de nexo colectivo con el dueño de la tierra, los proveedores y la comunidad que sea difícilmente imitable, –dije entusiasmada.

En mi libreta de notas escribí lo siguiente:

"Siguiendo esta línea de pensamiento podríamos identificar, en principio, tres grandes pilares en los cuales apoyar la diferenciación de nuestra propuesta:

Aspectos tecnológicos

Una diferenciación importante sería poder contar con la maquinaria tecnológicamente más avanzada en el momento apropiado. Contar con una sembradora para siembra directa relativamente nueva en el momento más oportuno para sembrar sería una ventaja competitiva importante. Pero esto sería imposible de lograr individualmente. La solución colectiva sería desarrollar un emprendimiento que compre y arriende las maquinarias agrícolas. Precisábamos encontrar a un *Mr. John 'Kimashi' Machine* a quien pudiéramos apoyar económica y financieramente para que emprenda la actividad de prestación de servicios agrícolas, y a quien le facilitaríamos todos nuestros contactos y conocimientos sobre el parque de maquinarias más adecuadas para extensiones de mediano porte.

Aspectos económicos

Si a la maquinaria que conseguimos en tiempo y forma, le agregamos la mejor genética de semillas y un adecuado asesoramiento profesional, los rendimientos de los cultivos, en condiciones normales, deberían ser superiores. Esto traería como consecuencia una mayor rentabilidad para el establecimiento.

Aspectos sociales y políticos

La acción colectiva estaría incompleta si no se incluye a la comunidad. Así, deberíamos incluir programas para los jóvenes en: a) formación técnica mecánica, b) economía doméstica y nutrición y c) algún otro proyecto formativo-educativo más ambicioso, con el que contaríamos con el apoyo de la Universidad."

Cuando terminé de leérselo a Rafael, dijo con franco entusiasmo:

–Ya lo veo aplicado. ¡Este proyecto se perfila como una acción de coordinación de esfuerzos y voluntades de quienes saben hacer algo bien! Me refiero a nuestro *management*, técnica agropecuaria y educación, en torno a un innovador proyecto orientado al bien común.

La segunda entrevista con un ingeniero agrónomo

¿Hasta qué punto las diferencias culturales nos separan?, pensé mientras leía la carpeta con el CV que me dio Robert ¿Por qué a este joven *entrepreneur*, con buena formación académica, le cuesta tanto pedir un salario? Tiene experiencia… Ya está haciendo en pequeña escala un proyecto semejante al que nosotros queremos realizar…

Levanté la vista de los papeles y nuevamente ante mí apareció el rostro amable de Robert hablando fluidamente con Rafael.

–En este momento alquila aproximadamente 100 acres y, además, trabaja como consultor para el manejo de una propiedad alquilada al Gobierno por un ex manager de Kenya Seed.

–¿Y tiene dificultades para conseguir máquinas?, –dijo Rafael pareciendo adivinar un punto flojo en el trabajo.

–Bueno… sí. Para hablar con sinceridad existen problemas en algunos lugares por las lluvias para conseguir máquinas.

Fue, entonces que supimos que el precio de los granos estaba manejado por el Gobierno y no por el mercado, de modo que tenía oscilaciones considerables. En la zona donde Robert trabajaba, a veces, tenía que cosechar con 35 % de humedad para luego secarlo y llegar al 13 %, que es el valor aceptable por los compradores.

Definitivamente, este joven se mostró rápido para pensar y responder, y también hizo más preguntas (y todas muy oportunas) que el primer candidato. Esto era un considerable punto a su favor. Además, obtuvimos de esta entrevista información valiosa sobre los costos de implantación de los cultivos y los márgenes.

–¿Qué le parece, Robert, organizarse como contratista de máquinas?, –pregunté.

–No estoy interesado, y le explico por qué. En primer lugar, "las personas no pagan" y, en segundo, tampoco me interesa trabajar al 50 % con el dueño de la tierra. Es una cuestión de confianza con los números, –dijo con mucha decisión. –Prefiero pagar el alquiler de la tierra y trabajarla yo, así tomo mis propias decisiones.

De la conversación dedujimos que, en el caso de traer tecnología nueva, en poco tiempo todos nos imitarían.

–Respecto de mi sueldo, –agregó repentinamente, –estaría bien Ksh. 200.000 por mes, ya que dejaría de ganar Ksh. 30.000 por acre por año (que es lo que obtengo de la tierra alquilada). Por supuesto, además necesitaría un automóvil, estipendios para gastos y mi participación en los resultados.

–¿No le parece demasiado?, –le preguntó Rafael.

–Mire usted. Mi negocio es pedir dinero prestado al 20 % anual para cubrir los gastos de producción, luego vender los granos y pagar el alquiler sobre la base de Ksh. 10.000 por acre por año.

Con Rafael nos miramos y, enseguida, pensé: "El pedido es un poco exagerado… Me corrijo: ¡Definitivamente no hay ninguna cuestión de diversidad cultural cuando se trata de negociar salario!"

Más tarde, pudimos comprobar que los Ksh. 30.000 de contribución líquida por acre por año que Robert sostenía que ganaba, no era un número tan disparatado.

La búsqueda de asesores legales se comenzó a complicar, y literalmente tuvimos que salir a "golpear puertas". El problema era el siguiente: nuestra única fuente de información y recomendación de profesionales era la Universidad y la Embajada Argentina. Y el profesional que nos recomendó el agregado de negocios de la Embajada era un ex jugador profesional de tenis que, cuando le hicimos una consulta, nos respondió que ya no se dedicaba más a la abogacía. Así, bastante desanimados, decidimos preguntar en la recepción de nuestro departamento quién atendía sus asuntos legales. "¿Qué podíamos perder?". Surgió el nombre de una abogada hindú que tenía su oficina en el *Yaya Shopping*.

Nuestro itinerario a continuación fue:

- Ir al *shopping* en busca de abogados
- Coordinar agenda con la secretaria de la abogada
- Enviar un correo electrónico con la consulta
- Solicitar un presupuesto de honorarios.

Esa misma noche, como cierre de un día intenso nos gratificamos visitando un restaurante llamado Tamarind, especializado en frutos de mar. Forma parte de una cadena fundada en 1972 en Mombasa y que, actualmente, opera algunos de los más exclusivos restaurantes en África. Tiene un estilo refinado en el que combina la elegante decoración con su exclusiva carta.

Antiguos alumnos. Nuevos decanos

La mañana se presentó bastante complicada desde muy temprano ya que tuvimos que desplazarnos al centro de la ciudad para visitar Kenya Seeds. El principal inconveniente fue el tránsito. Conducir en la ciudad era complejo porque había calles en construcción por todas partes pero, lo que es peor, sin ninguna señalización previa. Recomendación: salir siempre provistos de un GPS.

En la empresa nos recibieron con mucha amabilidad y, a medida que conversábamos con los diferentes funcionarios, fuimos subiendo escalones en la pirámide de la organización.

El primer empleado con el que conversamos tenía una oficina al lado de la puerta, sin preparación para recibir visitas. Esto lo llevó a permanecer de pie y nosotros sentados. El segundo funcionario tenía una oficina individual, pero decadente, revestida en madera, y con servicio de té con leche sin pedirlo. (Repentinamente apareció ante nosotros una señora que, sin mediar palabra, nos sirvió un gran vaso de té con leche). Finalmente, el tercer funcionario poseía una sala contigua a la anterior pero más grande y hablaba un poco de español porque había vivido en México.

Más allá de estos aspectos anecdóticos, aprendimos que a la "siembra directa" la llaman *conservation tilling* y que dicen tener quince variedades de maíz que se planta alrededor de mediados de marzo. Nos recomendaron visitar las oficinas centrales ubicadas en Kitale. También nos recomendaron consultar una Agencia de Promoción para la Siembra Directa que trabaja con capitales estadounidenses. Y nos confirmaron que, en principio, el pago de las semillas tendría que ser por adelantado, aunque dejaron abierta la posibilidad de negociar las condiciones. También corroboraron una información que ya teníamos: es necesario cosechar el maíz aun con mucha humedad para prevenir las enfermedades del cultivo. Por último, nos ofrecieron importar semillas de soja de Uganda (donde tienen una subsidiaria) y se las podría conseguir en dos semanas a partir de la fecha del pedido.

Luego de terminadas estas reuniones regresamos a nuestro departamento –que ya funcionaba como oficina– porque allí nos esperaba Pili Neema, un exalumno del seminario que habíamos dictado el año anterior.

–¡Querido Pili! ¡Qué alegría verte!, –dijo Rafael. –¿Qué novedades tienes, además de tu barba un poco más blanca?

–¡Es cierto! ¡No creí que se notara tanto! ¡Es muy bueno volver a verlos! Y tengo buenas nuevas para ustedes, –respondió.

–¿En serio?,–dije yo muy intrigada.

– Deben saber que existe un gran proyecto para Kenia llamado LAPSSET (sigla de *Lamu Port–Southern Sudan–Ethiopia Transport Corridor*). Este proyecto, además de la construcción de un puerto en Lamu (al norte de Mombasa), implica también la construcción de un oleoducto para transportar el petróleo proveniente de Sudán y una red ferroviaria y de rutas para mejorar el transporte de los productos provenientes del noroeste de Kenia.

–¡Qué interesante, Pili!, –comentó rápidamente Rafael.

–¡Sí! ¡Y ya verán en qué consiste! El proyecto está estimado en un costo de US\$ 24,7 mil millones y se encuentra en el marco de un proyecto de país más amplio, que es el *Kenya Vision 2030*. Desde luego que, en términos de cronograma para la ejecución no se sabe muy bien cuándo comenzará ni cuándo terminará. Pero sí es importante tener en cuenta que toda la zona alrededor del corredor, con cierto potencial agrícola, se valorizará.

Muy interesados en conocer los detalles de semejante proyecto con tanta proyección y anhelo de crecimiento, continuamos conversando sobre la soja GMO en Kenia. A raíz de esto supimos que su empresa, que también vende glifosato, está intentando obtener una licencia para producir soja GMO en el país.

–Vaya, Pili ¡Es cierto que tenías novedades!, –dijo Rafael. –¡Debemos encontrarnos nuevamente!

Y con esta firme promesa nos despedimos. Luego, junto con

Rafael, pensamos cuál sería la manera más efectiva de buscar ingenieros agrónomos para que nos asesoraran. Así, se nos ocurrió ponernos en contacto con las Universidades locales. Inmediatamente, yo me encargué de realizar una búsqueda en internet. El resultado fue el siguiente: de toda la información que recogí, seleccioné dos Universidades que me parecieron importantes y con tradición en agricultura. Luego, les escribí a los respectivos decanos explicando quiénes éramos y qué hacíamos en Kenia, además de solicitarles una entrevista. Solo respondió uno de ellos y, para mi sorpresa, el Decano me comentó que viajaría a Nairobi y que podríamos arreglar un encuentro. Y, además, confirmaba que no tenía inconveniente en acercarse a "nuestra oficina".

Con Rafael pensamos lo mismo: ¡Solo puede salir alguno bueno de esto! E inmediatamente nos dedicamos a confeccionar un *checking list* de preguntas relevantes:

- Si realmente el maíz se cosecha con alto grado de humedad (35-20 %), ¿las máquinas secadoras son accesibles en precio?

- ¿Es fácil alquilar maquinarias?

- ¿Existe la posibilidad de obtener licencia para plantar *soya been* GMO?

- ¿Es posible contratar tierras con un régimen de porcentaje sobre las ventas y no sobre la base de un contrato de alquiler?

- ¿Se puede celebrar con entidades privadas un contrato de asesoramiento para la administración de la tierra?

Provistos de todas esas preguntas recibimos a los representantes de Graceton University. El decano, Domenic Nwosu, era un hombre alto, de unos 50 años, muy ejecutivo y decidido. Junto con él vino su asistente que llamativamente era un poco más bajo pero con cuerpo de guardaespalda.

Luego de un breve intercambio de información, nos lanzamos al tema que nos interesaba y, con entusiasmo, anotamos los datos que necesitábamos:

- El maíz se cosecha con 20 % de humedad y desconocen el precio de las máquinas secadoras, pero lo pueden averiguar.

- Es fácil alquilar maquinarias.

- Es difícil obtener licencia para plantar *soya been* GMO. Solo podría ser en el caso de realizar pruebas.

- La Universidad de Graceton alquila tierras comercialmente y el Decano propuso presentarnos al responsable comercial de esta área para tratar las posibilidades del alquiler.

- En cuanto a realizar un contrato de asesoramiento para administrar la tierra, podríamos celebrarlo con la propia Universidad.

Nos animó el hecho de poder contar con el asesoramiento de la Universidad en el campo y nos pareció muy ejecutivo cuando el Decano dijo:

–Hagan una lista de los servicios que van a requerir y nosotros los cotizaremos. Por otro lado, debo reconocer que no poseemos desarrollo en genética para la soja. Pero conocemos una compañía refinadora que compra el grano importado. Se llama BIDCO.

Nos despedimos de ellos con el compromiso de encontrarnos al martes siguiente cuando visitemos el KARI Njoro, ya que la sede de Graceton University está muy próxima.

Viaje a Kipkelion

Nos encontramos con Mwaria a las 9:15 en el hotel para emprender el viaje. Nuestro equipaje se reducía a una maleta pequeña porque nos preparábamos para pasar una semana viajando por el interior. Nuestro objetivo era tomar muestras de tierra de diferentes puntos, localizar el lugar con el GPS y luego verificar su régimen de lluvias.

Mwaria alquiló un auto grande y pensaba regresar el mismo día. El plan era encontrarse en Nakuru con el ingeniero que habíamos entrevistado en primer lugar, con una persona de una compañía de seguros que tiene 700 acres al lado de la tierra del obispado y que también estaba interesada en alquilar y con un sacerdote representante del obispado.

Así fue que iniciamos el viaje a Nakuru el chofer, Mwaria, Rafael y yo. Durante el traslado supimos que las tierras que iríamos a ver eran una sola unidad. Los obispos habían vendido esos 700 acres para obtener participación en la empresa de seguros, que ahora controlaban con un 51 % de las acciones. Mwaria participaba en el Consejo de Administración.

–Les tengo que comentar que en las tierras del obispado se instalaron ilegalmente algunas personas. Y habrá que destinarles unos acres para que planten, –dijo Mwaria muy serio.

–Se los podría organizar como una cooperativa, –agregó Rafael, y todos permanecimos pensativos al respecto. Yo quebré el silencio.

–¿Qué opinas de la Graceton University, Mwaria?

 –Tenemos una cierta expectativa de colaboración y asesoramiento, –comentó Rafael.

–No voy a interferir en vuestras decisiones, pero nosotros hace años intentamos realizar una colaboración entre las dos Universidades y no dio resultado.

–Nos hemos reunido con el Decano de la facultad de agronomía ayer, –dijo Rafael –y nos ha comentado la posibilidad de trabajar tierras de ellos.

Ante el silencio de Mwaria, me pareció llamativo que no quisiera conocer más detalles de nuestro encuentro.

El viaje hasta el punto de encuentro en el hotel Midland en Nakuru nos tomó dos horas y media. La ruta era doble mano y pavimentada pero, en varios lugares, encontramos desvíos hacia caminos de tierra. Luego de un par de llamadas nos encontramos todos en el restaurante del hotel. Allí decidimos comer algo rápido para retomar el viaje para visitar el campo en Kipkelion.

El almuerzo transcurrió agradablemente y fue una oportunidad para conocernos un poco más. El gerente de la compañía de seguros fue acompañado por su hijo, de modo que siete personas compartimos una mesa, mientras que en otra se ubicaron los dos choferes. Cuando terminamos la comida nos faltaban todavía 87 km para llegar a la ciudad y, desde allí, nos esperaban aproximadamente 20 km más hasta la propiedad que queríamos conocer.

A medida que nos aproximábamos al lugar descubríamos que el camino era inaccesible para cualquier cosa que se pareciera a una máquina agrícola. Como nos trasladábamos en dos coches, solo pudo llegar el que era 4x4 (en el que viajábamos Rafael y yo) y el otro permaneció esperándonos.

—El paisaje es realmente muy lindo, y las montañas son preciosas, pero el camino es más para cabras que para humanos, —dije a Rafael tratando de poner un poco de humor a la situación.

Cuando bajamos del vehículo Mwaria dijo:

—Estas tierras del obispado tienen como sede un antiguo convento de monjes.

—Pero parece abandonado, —comentó Rafael.

—¿Por qué se fueron los monjes?, —dije al entrar en una sala del convento. —Parece que se fueron con prisa. Dejaron mesas, sillas y hasta cuadros con la foto del Papa.

—Este lugar fue abandonado porque la tierra fue "ocupada" por la población local que aún permanecía allí, —agregó Mwaria.

En voz baja le dije a Rafael: —O sea que, en el supuesto caso de acceder a la tierra, deberíamos "luchar" con los locales para ocupar nuestro espacio… Esto es mucho más complejo de lo que suponíamos.

Cuando bajamos los 20 kilómetros de montaña, nos encontramos en la base con el otro vehículo que nos aguardaba y en el que viajaban Uhuru Njenga el ingeniero agrónomo que habíamos invitado para revisar la tierra, el hombre de la compañía de seguros con su hijo y nuestro chofer. Fuimos todos juntos hasta el hotel que Rafael y yo habíamos reservado: el Rift Valley Sport Club. (Ocupamos una suite de valor intermedio. Solo disponían de tres suites como esta y su valor era de Ksh 7.000 por noche.)

Aunque este sitio solo se reservaba para socios accedieron a hospedarnos cuando mencionamos a la Universidad. Y como ya era de noche y todos estábamos agotados decidimos reunirnos en el restaurante del hotel para pedir una comida rápida. Todos (menos Rafael y yo) regresarían ese mismo día a Nairobi y calculamos que tendrían por delante unas cuatro horas más de viaje.

Al finalizar la cena Rafael sentenció:

–Podrían habernos ahorrado tiempo y esfuerzo. Solamente tendrían que haber indagado previamente cómo era el lugar y su accesibilidad.

Sin más nos despedimos de todos. Mwaria se veía muy abatido y, más tarde, alrededor de la medianoche recibí un mensaje suyo en el que nos pedía disculpas por habernos llevado a un lugar imposible de ser abordado con nuestro sistema.

Un encuentro inesperado en Nakuru

A la mañana siguiente desayunamos en el hotel, en una terraza magnífica. Caminamos un poco por los alrededores y al mediodía regresamos al restaurante que había sido nuestro punto de encuentro del día anterior. En este lugar nos encontramos inesperadamente con otro exalumno del seminario que habíamos dictado el año anterior. Su nombre era Abraham y trabajaba en el Ministerio de Agricultura.

–¿Qué haces acá?, –le pregunté asombrada al verlo.

–Mi familia es de Eldoret. Un pueblo que se encuentra a aproximadamente 120 km de distancia.

– Es el mismo pueblo de Mwaria y de Uhuru, el agrónomo, –dije a Rafael. –¡Cuánta casualidad!

–¡Estoy muy contento de verlos nuevamente! ¿Seguís con vuestro proyecto?, –preguntó Abraham.

–¡Por supuesto!, –dije animada. –¡Estamos intentando poner en práctica los conceptos que habíamos presentado en el seminario del año pasado!

–¡Vaya tarea!

Luego del almuerzo comenzamos a observar con más detenimiento el lugar en el que estábamos hospedados. Era un club fundado en 1907 por un grupo de ingleses, cuando la ciudad comenzaba su desarrollo como consecuencia de la llegada del ferrocarril. Tiene dentro de sus instalaciones una gran cancha de cricket. Se podía adivinar su antiguo esplendor, a pesar de la decadencia del presente. Los puntos débiles eran la suciedad en el piso, en las cortinas y en los muebles. Las toallas (que en algún momento fueron blancas) eran grises y estaban percudidas y deshilachadas ¿Consejo? Comprar toallas propias en el supermercado por Ksh 490.

Repentinamente mis pensamientos fueron interrumpidos a las 16:00 por cánticos que indicaban que había comenzado el rezo en una mezquita próxima.

Capítulo 14
Tres días en Nakuru y Njoro

Semana 3

Esa mañana con Rafael nos propusimos visitar la empresa de maquinarias FMD *East Africa* y la Universidad de Graceton en Nakuru. Comenzamos por FMD *East Africa* porque quedaba a unos pocos kilómetros de nuestra residencia, de manera que fuimos en taxi.

Al llegar nos presentamos a un vendedor que nos llevó directo al *Sales Manager* quien nos recibió muy bien y nos comentó que su empresa había sido invitada a participar del viaje a la Argentina, junto con la delegación que acompañó al secretario de Agricultura en 2012. Pero habían decidido no ir porque hacía ya 30 años representaban a un grupo de fabricantes de máquinas de Brasil y no les pareció correcto ir a ver máquinas de competidores. De todas formas, habían conversado con personas que participaron del viaje y nos dijo que habían vuelto muy felices.

La visita fue realmente productiva porque pudimos verificar que disponían de toda la maquinaria necesaria (proveniente de Brasil) y también de sembradoras estadounidenses, más pequeñas, adaptadas para la siembra con mínimo laboreo. Por otra parte, allí supimos que en Kenia no existe la figura del contratista. En general, el dueño de las máquinas no las alquila ni a su vecino, lo cual era un problema para nosotros y nuestro modelo.

—Si no queremos comprar, —comentó Rafael después —caeremos en manos del Departamento de Agricultura y Mecanización que depende del Ministerio de Agricultura…

—Que resulta un proceso bastante engorroso para pedir préstamos o maquinarias, —agregué.

—¡Exacto! —enfatizó Rafael. —O bien tendríamos que realizar algún tipo de acuerdo con ADC que tiene máquinas propias importadas de Italia.

—Bueno, Rafa. Creo que podríamos evaluar también la posibilidad de comprar una sembradora. Los precios parecen bastante competitivos.

—Es cierto. Además, la disponibilidad de máquinas no parece ser un problema.

La mañana había avanzado y ya era hora de almorzar. Decidimos ir al *Chicken Grill*. Cuando estaba preparándome para salir, veo a Rafael alejarse de la ventana en dirección al teléfono. Algo había visto.

—*Good morning*, —dijo Rafael al teléfono —*I need to talk with the manager, please.*

—…

—*Please, I need to talk with the manager*, —insistió Rafael.

Curiosa por esta situación me asomé a la ventana y vi enfrente de nuestro Hotel-Club una compañía de venta de semillas MEA *Seeds*. Entonces entendí todo: Rafael estaba tratando de marcar un encuentro con el encargado. "Con seguridad, pensé, la información que obtengamos podría darnos una visión global de los principales actores de la región."

Combinada una reunión improvisada, nos dirigimos al local. Adentro había dos hombres que atendían a los clientes y una mujer (que fue con quien habló Rafael y que resultó ser la *manager*). Juntos fuimos a una pequeña oficina. Después de presentarnos y escuchar la información que necesitábamos, nos dijo abiertamente que quienes podrían sernos más útiles serían las personas de Graceton University y además nos indicó el camino para llegar a la mayor empresa de venta de máquinas agrícolas de la zona.

Sentados a la mesa del *Chicken Grill*, mientras comentábamos los datos que teníamos, le dije a Rafael:

—Todo parece reafirmar la necesidad de hacer la segunda visita que nos habíamos propuesto hoy: ir a Graceton University.

—Es cierto, —me respondió Rafael. —¿Has visto qué directa ha sido la *manager* al indicarnos que recurramos a Graceton University ?

—Antes de salir averigüemos en el hotel cuánto cuesta el viaje a Nakuru y Njoro. Es un viaje de 30 minutos. Serán más o menos 20 kilómetros…

El taxi con nosotros adentro avanzaba velozmente. Finalmente habíamos decidido contratarlo en la parada de taxis ubicada a una cuadra del hotel. Nos cobraban Ksh 1.500 a diferencia de los Ksh 8.000 que nos habían cotizado en el hotel. Me disgusté mucho con la falta de regulación de precios…

El campus de la Universidad de Graceton era pintoresco y muy bien organizado. Había 7 Facultades y 8 Decanos (uno de ellos era el Decano de los alumnos). El edificio de la Facultad de Agronomía estaba en el medio de un área verde en la que se mezclaban los edificios de las Facultades con los de las viviendas de los 10.000 estudiantes que se hospedaban allí, más las residencias de los profesores y de los directivos de la Universidad.

Mientras esperábamos al Decano en la antesala de su oficina, vimos una proyección sobre la Universidad, sus carreras, los convenios con el exterior, etcétera. Entretenidos en eso escuchamos:

–Buenas tardes. ¿Gustan pasar a mi oficina? Era Domenic Nwosu, el mismo Decano que nos había visitado en Nairobi acompañado por su asistente con silueta de guardaespaldas.

Una vez ubicados retomó el diálogo:

–Les comento que de los 485 acres que tiene la Universidad yo solo puedo disponer de 100 para vuestro trabajo. Todo lo demás que necesiten deberán hablarlo con el *manager* de la estancia Ngego que también pertenece a la Universidad.

–Nos parece bien, Domenic –dije. –Nosotros te enviaremos un modelo de contrato y tú nos acercas un presupuesto de costos para acompañar el cultivo. ¿Te parece?

–Por mí está perfecto. Podemos ir ahora a la oficina del *manager* que decide sobre la otra parte de la tierra disponible.

La conversación fue rápida: el hombre enfatizó que estaba interesado en transformar esa estancia en un modelo con tecnología de punta. Sería un ejemplo que la Universidad podría brindar a la comunidad. Nos informó también que había "mucha" tierra y que allí plantan maíz y canola de la que obtienen más o menos 3 toneladas por hectárea. "El doble de lo que obtenemos en la Argentina", pensé.

Cuando vimos el mapa de la estancia y de los lotes que disponían, Rafael dijo:

–Estamos preparados para tomar las muestras de tierra, verificar las coordenadas por GPS para solicitar los mapas satelitales, revisar y tomar fotos de los lotes.

–Yo, particularmente, estoy familiarizado con la agricultura de precisión porque nos la ofrece como servicio una compañía sudafricana llamada Trimble, –comentó el *manager* comercial.

Mientras salíamos de su oficina conversando de este tema, el Decano nos despidió y nos pidió que cuando termináramos el recorrido volviéramos a su oficina. Partimos entusiasmados a observar esos primeros 100 acres.

Visita a Ngego Farm

Gracias a que Domenic nos envió al hotel la misma camioneta que nos llevó a ver los 100 acres el día anterior, no tuvimos que negociar con taxistas el precio de los traslados. Por lo tanto, comenzamos nuestro trabajo un poco más relajados. Llegamos temprano a la estancia en la que nos esperaban el *manager* y el administrador. También se acercaron el encargado del laboratorio y dos empleados más que nos acompañaron para cargar los implementos (palas y bolsas) a fin de tomar muestras de tierra. Como norma de seguridad nos ofrecieron delantales y botas para recorrer los diferentes lotes. Y nos explicaron que en esos terrenos suele haber víboras.

Caminamos bajo un sol fuerte durante unas cuantas horas tomando muestras. El terreno tenía una pronunciada pendiente y estaba a 2.200 metros de altura ¡Nuestro estado físico se puso a prueba!

Tal como le habíamos prometido a Domenic regresamos a la Universidad alrededor del mediodía para compartir opiniones, concertar contacto vía *e–mail* y combinar para la firma de nuestro contrato. Cuando salimos de su oficina Rafael me preguntó:

–¿A qué hora es nuestra próxima reunión en el KARI?

–A las 14. ¿Qué te parece almorzar en el comedor de la Universidad?, –propuse.

–Me parece bien. El KARI está acá enfrente. No tengo ganas de moverme a otro lado

Instalados en el comedor universitario, relajados y animados por los avances, conversábamos Rafael y yo con nuestras bandejas delante en medio de estudiantes y profesores que nos saludaban reconociéndonos visitantes.

Casi al finalizar nuestro austero almuerzo se nos unió el director de la estancia Ngego, que también almorzaba allí. Juntos conversamos animadamente y le contamos la experiencia de la toma de muestras y los próximos pasos.

En el KARI nos esperaba el director junto con dos gerentes de área; uno de ellos especialista en soja. El edificio estaba bien arreglado y la sala del director era imponente, armarios con trofeos que no llegué a distinguir a qué se referían, certificación ISO-9008 en las paredes, y muebles que parecían antiguos y lustrosos. Una vez más, explicamos el motivo de la visita y nuestro proyecto. Nuevamente recibimos una respuesta escéptica ante la posibilidad de trabajar en escala. Ellos consideraban que la soja *is a problem* porque no tenían genética adecuada.

Nos pidieron una carta o carpeta de presentación nuestra y de nuestra empresa para que ellos pudieran tener un justificativo válido para realizar trabajos o prestarnos servicios técnicos (sin costo) en el caso de que plantáramos soja en la región.

Luego de terminar la reunión partimos hacia Nairobi. De manera muy amable Domenic Nwosu nos puso a disposición el chofer de la Universidad. El viaje, como siempre, un poco cansador, pero lo más difícil y preocupante fue la entrada en la ciudad. Como no reconocimos el camino que el chofer tomaba, le preguntamos dónde estábamos.

–Intento evitar la ciudad por la hora, – nos dijo.

El paisaje que recorríamos era muy triste, plagado de casas miserables. En un momento nos asustamos cuando el tránsito se detuvo en el medio de un mercado rodeado de construcciones míseras. Temíamos que al vernos extranjeros nos saquearan nuestras maletas que estaban en la parte de atrás de la camioneta sin ninguna protección, solo una lona. Felizmente no pasó nada y llegamos a Nairobi a salvo, pero exhaustos.

Un día dedicado a nuestros asuntos

Nos tomamos ese miércoles para ponernos al día con los *e–mails*, ya que durante el viaje a Nakuru no tuvimos conexión. Durante la jornada recibí varios llamados de Mwaria queriendo saber cómo estábamos y comentándome sobre un posible encuentro al día siguiente en la Universidad. También se ofreció para ayudarnos con el KARI, pero Rafael prefirió ir personalmente por la tarde para llevar las muestras. Esta respuesta pareció molestar a Mwaria (creímos que se molestó porque esta negativa nuestra evidenciaría que ya no necesitábamos nada de él o que estuviéramos despreciando su colaboración).

Casi al finalizar la tarde suena mi teléfono. Era Mwaria.

–¿Puedes ir mañana a la Universidad?, –preguntó. Participaremos de una reunión con personas del Ministry of Regional Development Authorities (MoRDA). ¿Es posible que vayas sola?

Esta pregunta me sorprendió mucho. Casi instintivamente respondí que sí; iría sola. Pero esa no fue la única sorpresa del final del día.

Una hora después de la primera llamada recibí otra del asistente de Mwaria. Me comentó que la Universidad estaba en una etapa de elaboración de un MOU para prestarle servicios de asesoramiento al MoRDa y que Mwaria viajaría el domingo para realizar diversas visitas a sedes de la institución en todo el país durante una semana. El motivo de esa comunicación fue invitarme a que lo acompañe.

Rafael me observaba y se admiró con mis silencios. Yo había decidido ser cautelosa con mi respuesta.

–Dígale, por favor, al Sr. Mwaria Rutu que lo conversaremos personalmente mañana.

–Debo decirle algo más, –agregó el asistente.

–Lo escucho.

–La reunión mañana con la gente del MoRDA será a las 9:30. Usted tiene que estar en la oficina del Sr. Mwaria Rutu a las 9:00. Sea puntual, por favor.

Cuando terminó la comunicación Rafael me observó detenidamente.

–No sé para qué me necesita Mwaria en esa reunión, –comenté.

–Mañana lo sabrás… –dijo Rafael.

Reuniones y visitas a la Universidad

Al día siguiente Rafael partió temprano para el KARI y yo, para las oficinas de Mwaria. Los dos estábamos llenos de expectativas que compartiríamos al regreso.

Cuando subí al taxi para dirigirme al encuentro de Mwaria fui pensando sobre la reunión y me hice algunas preguntas: "¿qué quiere exactamente Mwaria?, ¿necesita opiniones sobre lo que le está presentando al Gobierno en la forma de un MOU?, ¿quizás apoyo gratis para la enseñanza del sistema cooperativo? (por la charla que habíamos tenido en el auto cuando íbamos a Kipkelion), o ¿la intención era conseguir tierras para nuestro proyecto que habíamos denominado Green Agro?"

Llegué aproximadamente media hora antes, de modo que decidí ir al bar a tomar un café. Me sentí muy familiarizada con el lugar, como si no hubiera pasado un año desde la última vez que estuve allí. Al entrar vi que la librería estaba abierta. Saqué algunas fotocopias y compré dos libros sobre la cultura africana:

"*The River and the Source*" de Margaret Ogola, una pediatra y escritora keniana que falleció en 2011. Su libro ganó el premio *Africa Region Commonwealth Award for Literature* y relataba la saga de tres generaciones de kenianos. Abarcaba desde el período en que Kenia era colonia inglesa, hasta los años posteriores a la independencia. Pareció una lectura amena y vi que describía con mucha claridad las costumbres y la cultura de la región.

El segundo libro era de John Mbiti, sacerdote anglicano, filósofo y escritor. El libro se titulaba "*African Religions & Philosophy*" y lo consideré excelente para comenzar a entender las enormes diferencias en la concepción de categorías básicas como la distancia y el tiempo, que había aprendido en el seminario sobre antropología.

Mientras esperaba que me cobraran escuché que alguien me llamaba por mi nombre. Me sobresalté. Cuando me di vuelta me encontré con Betty, la persona que nos recibió en el primer viaje y que nos arregló todas las visitas que hicimos a las fábricas y plantaciones. Curiosamente en el segundo viaje, en 2012, la encontré en la cafetería, como ahora en la librería. Decidí volver a la cafetería con Betty para conversar más a gusto y ponernos al día con las novedades.

Unos minutos después me dirigí al edificio de la Universidad dispuesta a tener la reunión con Mwaria. En la enorme recepción solo estaba la recepcionista y un señor leyendo. La muchacha me anunció y enseguida vino a recibirme Patrick con una enorme y amplia sonrisa. Fue una alegría reencontrarlo, él continuaba como asistente del decanato y me comentó que Mwaria estaba con gripe, por lo tanto se había atrasado, pero él se dispuso a presentarme a la otra persona del Ministerio con la cual nos íbamos a reunir. Era el señor que estaba sentado leyendo en la recepción.

Luego de una breve presentación, le sugerí a Patrick que esperáramos en la sala donde tendríamos la reunión. Subimos al primer piso. El funcionario del Ministerio debió aguardar en la recepción y yo fui conducida a la sala de reuniones. Allí esperé casi media hora hasta que llegó Mwaria, disculpándose por el atraso.

Cuando estuvimos los tres reunidos (el hombre del Ministerio, Mwaria y yo) comenzó el encuentro. Mwaria presentó nuestro proyecto como un *dream*, algo que enseñamos y que ahora lo aplicaríamos en la práctica para reforzar la enseñanza. Me dio la palabra para que explicara con mayores detalles en qué consistía el modelo argentino de producción y se retiró. Yo escuché cuando le dijo a Patrick:

–No te pierdas ni una sola palabra de lo que dice Sofía.

Hice un pequeños bosquejo en mi cuaderno de notas sobre cómo funciona el sistema de producción agrícola en la Argentina que el visitante del Ministerio copió en su agenda. Se mostró muy interesado y preguntó:

–¿Quién asumirá el riesgo de la operación? ¿Qué tipo de contrato se firmará y por cuánto tiempo?, y ¿se preverá un pago fijo por adelantado de alquiler?

Cuando estaba finalizando mi breve exposición reapareció Mwaria y respondió él mismo algunas de las preguntas del funcionario que alcanzó a escuchar. Al terminar la entrevista Mwaria lo acompañó hasta la salida. Rápidamente regresó, hizo breves comentarios sobre el encuentro y destacó que esperaba firmar un MOU con el Ministerio. Esto me hizo pensar que mi intervención en esa reunión fue simplemente para demostrarle al funcionario que en el "equipo" de la Universidad había gente –como yo– que entendía mucho del asunto sobre lo que ellos van a asesorar y que, además, lo ponía en práctica.

Luego hicimos un pequeño *tour* por las oficinas nuevas de la Ecuela de Negocios. Allí nos encontramos con la directora de Políticas Públicas y Competitividad que, después de que Mwaria me presentara, dijo:

–¡Qué bueno que además de la trayectoria académica usted cuenta con un *backround* práctico! ¡Es música para mis oídos!

Al quedar solos, después de habernos despedido de la directora, aproveché y le pregunté a Mwaria:

–¿Cuál sería mi rol en el viaje que haríamos el domingo para visitar diversas sedes del MoRDA en el país?

–¿Qué viaje?, –dijo sorprendido.

Patrick, que nos acompañaba, se encargó de recordarle el tema.

–Ah, es cierto. Lo lamento, Sofía, tu presencia no será finalmente necesaria…

Traté de no manifestar el más mínimo asombro. Nos despedimos y yo regresé al departamento. Rafael ya estaba de regreso y dijo:

–Déjame adivinar: No saldrás de viaje por Kenia con Mwaria, ¿no es cierto?

– Antes de responderte quisiera que me contaras tus novedades, –le contesté con una sonrisa cansada.

– Déjame decirte que yo primero fui al KARI. Me ha ido muy bien. Les he dejado muestras de tierra y he conseguido un contacto con un técnico que me propuso elaborar un mapa con el tipo de suelos de toda Kenia. ¿No es fantástico? Y además realizará un histórico en términos de fertilidad del suelo y de estadísticas de lluvia.

—Eso será muy práctico para nosotros, –dije recuperando un poco el ánimo.

—Además, después he ido a visitar al Embajador polaco. ¿Recuerdas que no fui a la reunión que teníamos marcada? Pues bien, le pedí disculpas y él nos invitó el 12 de febrero a una recepción en la Embajada conocida como "la fiesta de las sobras".

—¿Y de qué se trata?

—En la tradición polaca los invitados tienen que llevar alguna comida para festejar antes de entrar en la Cuaresma, es decir, el 13 de febrero, Miércoles de Ceniza.

Esa noche cenamos en el Fairmot Hotel, un hotel construido en 1904 y renovado en ocasión de su centenario. Su terraza, *Lord Delamere Terrace*, es uno de los puntos de encuentro más exclusivos de la ciudad. En el *Tatu Restaurant* la comida es muy buena, el servicio excelente, todos los mozos están muy bien entrenados. Ese día todos los clientes sin excepción eran blancos. ¿Y la cuenta…? Definitivamente, muy cara.

La Embajada de la Argentina en Kenia

Por la tarde temprano retomamos nuestras actividades. En primer lugar fuimos a verificar cómo iba el trabajo del KARI sobre los mapas de fertilidad de suelo y régimen de lluvias que Rafael había encargado. Nos recibió el técnico que estaba preparando la información.

—¿Será posible realizar algunos ajustes?, –preguntó Rafael.

—Sí, señor. Solo que recién podré enviárselos mañana por *mail* y los tendrá impresos la semana próxima.

Con este compromiso y el pago del trabajo, salimos del KARI y nos dirigimos a la Embajada Argentina. De camino el taxi pasó por Westland, un barrio de clase media alta. Cuando circulábamos por una avenida vimos enormes terrenos con casas igualmente grandes, todas rodeadas por muros y, en algunos casos, con alambres eléctricos. Me recordó al barrio Morumbi en San Pablo, Brasil.

La Embajada se encontraba en una especie de barrio privado y fue muy emocionante, en medio de tanto verde, encontrar izada la bandera argentina. La casa estaba construida en el fondo de un terreno de aproximadamente 2.000 metros cuadrados. Adelante había un gran parque y en el fondo, una pequeña pileta y una casa que parecía haber sido la casa de los caseros o de los criados.

El Embajador a cargo nos atendió rápidamente. Su sala era bastante cómoda con una mesa de trabajo, otra de reuniones y un juego de sofás donde nos sentamos y mantuvimos la reunión. En las paredes no había, como suele haber en otras embajadas argentinas, ninguna propaganda turística del país, solo se destacaban cuatro cuadros: uno de San Martín, uno de Belgrano, otro de Sarmiento y el de Cristina Fernández de Kirchner.

Durante la reunión le informamos al Embajador sobre nuestro proyecto que le pareció muy interesante. Indagamos sobre la inseguridad en la época de las elecciones y nos comentó que en las del año 2007 él se encontraba en Kenia y tuvo que "rescatar" a varios conocidos que corrían el riesgo de ser ejecutados. En esa época luchaban las dos principales tribus que se enfrentaron en las elecciones (los Luo y los Kikuyo). Era común que los de una tribu pararan a los pequeños ómnibus locales, Matatu, hicieran bajar a sus pasajeros y degollaran a todos los que se encontraban de la tribu contraria. Así, cuando algún conocido llamaba al Embajador, él iba a socorrer a las posibles víctimas.

Se ofreció para participar de la reunión con el ministro de Agricultura local y nos despedimos con la promesa de encontrarnos en otro momento ya que, según él, no hay más que siete u ocho argentinos en toda Kenia.

Volvimos en el mismo taxi de regreso al departamento. En el camino vimos una manifestación política muy tumultuosa. Las personas saltaban, se empujaban y se esforzaban por alcanzar algo que otros les arrojaban por el aire. Cuando pudimos acercamos vimos que lo que lanzaban al aire eran billetes de Ksh 100 (algo así como un dólar y medio).

Primera reunión de *shareholders* / directores

Nos reuniríamos por primera vez los cuatro participantes del proyecto en nuestro departamento. Era un encuentro muy importante para Francisco, Mwaria, Rafael y para mí.

Con Rafael ocupamos las horas previas en preparar una lista de asuntos a abordar; repasar todos los correos desde el inicio; leer todos los contratos que nos mandó el abogado y allí descubrimos numerosas incongruencias y aspectos que no nos beneficiaban como socios mayoritarios.

Tocaron a nuestra puerta. Habían llegado.

–Buen día, Francisco. ¡Tienes cara de dormido!, –dijo risueño Rafael.

–Estoy un poco cansado. Acabo de llegar de Bolivia, La Paz y aterricé en Kenia, "La Guerra", –bromeó.

–Y tú, Mwaria, no has mejorado de tu resfrío, –acoté.

–Es cierto. Haré lo todo que pueda hoy.

La reunión duró tres horas, y como buena anfitriona maticé el trabajo con té, galletas y chocolates, tostadas con queso y jamón y luego serví pizza y vino ¡Comieron todo!

Comenzamos abordando un tema importante que era el aporte que haría cada uno de nosotros. De nuestro lado colocábamos el capital, el trabajo necesario para implementar el proyecto y el conocimiento sobre agronegocios. Mwaria se comprometió a trabajar con todo lo que sabe (*Business Administration & Accountant*) y también ofreció una oficina en la Universidad sin costo. Francisco iría a desempeñarse como *manager* y, de acuerdo con Mwaria, tendríamos que remunerarlo. Luego el mismo Francisco nos dijo que no quería remuneración, solo reembolso de gastos.

Rafael y yo comentamos todo lo que habíamos avanzado.

– Sin embargo, debo decirles que hemos quedado muy desilusionados con el campo en Kipkelion –dijo Rafael.

–Es cierto… yo creía que ese campo sería ideal para comenzar a trabajar. Debo reconocer que necesitamos que nos enseñéis cómo conseguimos las cosas aquí, –acotó Mwaria.

–¿Puedes ser más específico? –le dije.

–Me refiero, Sofía, a obtener análisis de suelos, mapas climáticos y de fertilidad del KARI, por ejemplo. ¡Y todo en un tiempo récord!

Luego de risas y comentarios graciosos, le dije:

–Lamentablemente eso no se enseña, Mwaria. Lo logras proponiéndote objetivos muy claros y con mucho esfuerzo…

Más tarde Francisco anunció que deberíamos determinar un período para su gestión.

–No te preocupes por eso. Si en algún momento no estamos de acuerdo con tu gestión te retiras y ya está, –afirmé.

–¿Es posible hacerlo? –dijo Mwaria.

–Sí, – respondí – está escrito en los estatutos.

La expresión de sorpresa en su rostro me indicó que había leído muy poco del material que los abogados habían preparado como borrador de los estatutos.

–Ya que mencionas los estatutos te comento que me reuní con el abogado que los preparó, David Jeremy Jr., y discutimos la posibilidad de formar otra compañía 100 % keniana en la que los socios seamos solo Francisco y yo, –dijo Mwaria.

–Ah… ¡qué bien una compañía 100 % keniana! En vez de nuestra

Green Agro una *Black Agro* –dije sin percibir que hacía también referencia al color de la piel de Mwaria.

–Sí, sí, *Black Agro*, me gusta el nombre, es muy ingenioso, –dijo Mwaria riéndose para mi alivio por lo que podría haber considerado una ofensa.

–¿Y para qué serviría la *Black Agro*?, –pregunté con curiosidad.

–De acuerdo con David para tener garantías de cumplimiento de los contratos y para poder comprar tierras, porque una sociedad no-keniana no podría hacerlo, –respondió Mwaria.

–No es nuestra intención comprar tierras, –se apuró en aclarar Rafael –de modo que no hay necesidad de armar otra empresa –agregó poniendo punto final a la discusión.

Cuando comenzamos a abordar los próximos pasos Mwaria me sugirió que yo hiciera el acta de la reunión. A lo cual le respondí que como en los próximos días él realizaría más tarea que nosotros, sería conveniente que él mismo complete la lista. Con lo cual (un poco disgustado) se vio obligado a aceptar. Me pareció percibir en esta actitud dos posibilidades: o desgano o cansancio, porque al final de la reunión se olvidó encima de la mesa la lista que hizo y nunca más la reclamó. "¿Habrá sido un acto inconsciente que corroboraba su negación a asumir nuevas tareas?" pensé al final de ese sábado dedicado al proyecto.

El domingo resultó ser un día de descanso. Aunque lo comenzamos revisando y eligiendo el logotipo para *Green Agro*, la flamante empresa. Evaluamos entre las alternativas que se habían diseñado y luego enviamos el archivo escogido a la gráfica de la Universidad. También preparamos la agenda de actividades para la semana siguiente.

Capítulo 15
Tierras en Kitale

Semana 4

Ese mismo lunes a media mañana aguardábamos la visita de un gerente de ADC, la organización que dispone de tierras para trabajar, y con
la cual podíamos llegar a un acuerdo de arrendamiento. Isidoro Bareja
nos había presentado a este gerente cuando visitó la Argentina.

Sin detenerse un minuto, Rafael aprovechaba la espera para comunicarse telefónicamente con los fabricantes argentinos de silo bolsas y embolsadoras. Todo sucedió como una cadena de contactos: el fabricante de silos bolsa, nos indicó como la fábrica adecuada para adquirir la embolsadora a la empresa miembro del grupo que Isidoro coordinaba. Sin embargo, esta no nos brindaba precio ni condiciones competitivas para comprar las embolsadoras en comparación con los valores ofrecidos por los fabricantes de máquinas brasileñas… Y dentro de la cadena de contactos esta situación comprometía a todo el grupo exportador porque, si uno fallaba, todos los otros se perjudicaban al sustituir el paquete de maquinarias e implementos por otros fuera del grupo. Esta era nuestra preocupación durante la mañana de ese lunes.

Cuando llegó el gerente de ADC, le comentamos cuál era nuestro proyecto y la necesidad de que su compañía dispusiera de algunas de sus hectáreas para el desarrollo de nuestro proyecto. A continuación, le propusimos realizar un contrato de *management*.

–¿Las semillas vendrían de la Argentina?, – preguntó el gerente.

–Es una posibilidad, –contestó Rafael. Y luego agregó que con el grano producido y mediante un procesamiento simple, se podría obtener aceite, y como subproducto harina de soja que serviría como alimento proteico para suplementar la dieta actual del ganado, basada en maíz.

Rafael y yo notamos que el gerente de ADC se interesó particularmente en esto último y dijo:

–Nosotros disponemos de tierras en Kitale. Pueden ir a verlas si lo desean. Estoy seguro de que en esa región no habría problemas para comercializar los granos porque allí está instalada una compañía harinera que compra la producción de maíz en Kitale y muy cerca, en Nakuro, se encuentra una fábrica de aceite que también compra toda la producción de la región.

Brevemente nos explicó que las empresas estatales productoras de semillas en Kenia son subsidiarias de su compañía y que el gerente que nos había atendido en la Ngego Farm (aquellas tierras que habíamos visitado por indicación del decano de Graceton University, Domenic Nwosu), había trabajado antes en ADC. Dijo también que ya existían antecedentes de firmar contratos de arrendamiento con otras organizaciones y nos pidió que le enviáramos nuestro modelo de contrato para verlo, mostrarlo a sus superiores y darnos una respuesta al día siguiente.

–Podemos, entonces, programar el viaje a Kitale para el miércoles, –dije.

–¡Claro! Y por favor no dejen de visitarme cuando vayan a Kitale. Es más, ya mismo les hago una reserva en el Kitale Golf Club. –¿Qué les parece?

Después de despedirlo prometiendo volver a encontrarnos en breve, Rafael dijo:

–Ya mismo compro dos pasajes a Eldoret que está muy próxima de Kitale.

–Tienes razón. No esperemos ninguna opinión para gestionar el campo. De todas formas, por el momento no aparece otra alternativa de tierras para alquilar, –agregué con espíritu impulsivo.

Nuevo viaje y rutina habitual

Al día siguiente, temprano por la mañana Rafael me encontró sentada en el living del departamento escribiendo y revisando mis notas del encuentro del día anterior. Ante su mirada inquisitiva le dije:

–Estoy pensando que Andrew, el gerente de ADC que estuvo ayer, no nos dio una respuesta concreta sobre las condiciones que le ofrecimos para el *management* de la tierra.

–Es cierto, –agregó Rafael. –Yo también me quedé pensando en sus respuestas ambiguas.

–Insistió en que fuéramos a ver las tierras pero no mencionó nada sobre el contrato, –acoté pensativa, y volví a revisar los papeles que tenía delante.

–No te preocupes. Ya tenemos los pasajes comprados. Ahora mismo lo llamo y le pido que nos reserve ese hotel que mencionó y que nos envíe un vehículo al aeropuerto de Eldoret para que nos lleve a Kitale, – dijo Rafael muy expeditivo mientras se comunicaba con el gerente de ADC.

–¿Sabes qué distancia hay entre Eldoret y Kitale?, –pregunté, curiosa.

–Aguarda un instante, Andrew… –interrumpió su comunicación y dijo –Creo que son aproximadamente 64 kilómetros.

Dedicamos todo ese día para preparar el viaje y anticipar algunos asuntos que no era conveniente demorarlos hasta nuestro regreso. Para lo cual yo me concentré en algunos aspectos que anoté en mi agenda y a los que me aboqué inmediatamente:

- Armar un borrador de contrato de *management* en el que estén los puntos principales (para olvidarse de los abogados que no avanzan).

- Enviar el contrato a todas las personas que contactamos para buscar tierras.

- Imprimir los resultados que habíamos obtenido de los mapas de suelos y del régimen de lluvias para poder viajar con información adicional sobre las tierras que nos ofrecerían en Kitale.

- Organizar un encuentro en Kitale con el ingeniero agrónomo que nos acompañó en el frustrado viaje a Kipkelion. Como vive en Eldoret, podría acercarse y aportar sus conocimientos en las reuniones que mantendríamos con los encargados de los campos.

Mientras tanto Rafael, hiperactivo, realizó varias llamadas: en primer lugar, se comunicó con el Embajador argentino para que nos ayudara a concertar una entrevista con el secretario de Agricultura. En segundo lugar, pidió cotización de máquinas a dos empresas brasileñas (ya que las argentinas no nos respondían). Por último, insistió una vez más con el INTA en la Argentina para que nos informaran, por medio de un estudio satelital, el tipo de suelos de los campos que habíamos visitado. Y nuevamente habló con algunos amigos para que nos presenten ingenieros agrónomos para ir a Kenia a monitorear los cultivos.

Kitale y Eldoret

A las 6:30 ya nos encontrábamos en camino hacia el aeropuerto Jommo Keniatta. El tráfico comenzaba a congestionarse. Peter nos vino a buscar y, cuando habían transcurrido quince minutos de viaje, pocos kilómetros antes de una rotonda, el tráfico se detuvo por completo.

–¿Qué sucedió, Peter? ¿Algún accidente?, –preguntó Rafael.

–No lo creo. Siempre es la policía la que en esta rotonda detiene a los automóviles, desorganiza todo y produce atascos.

Mientras avanzábamos lentamente yo observaba la gran cantidad de personas que se desplazaban para trabajar. El contraste era muy importante: algunas mujeres lucían trajes típicos de faldas coloridas y otras, elegantes *tailleurs* de tono negro o gris oscuro. Los calzados variaban del rojo brillante al charol negro. Frente a esta gran diversidad había un elemento común en las personas: todos estaban limpios, maravillosamente lustrosos, pareciendo desafiar al polvo que flotaba en las calles de tierra. Además, me llamó la atención que esa enorme cantidad de peatones afrontara una gran inseguridad. El caos reinaba por todos lados: los automóviles avanzaban a gran velocidad, algunas personas cruzaban de manera indebida, otras corrían detrás de los *Matatus* (los miniómnibus locales). En este espectáculo de desorden y revuelo eran comunes los accidentes fatales y, efectivamente, nos tocó ver uno...

Llegamos muy tarde al aeropuerto. Casi estaba por cerrar el vuelo. Embarcamos en un Embraer 170, parte de la nueva flota adquirida por Kenia Airways. La ruta a Eldoret era nueva, fue abierta en octubre de 2012. El viaje resultó corto y muy tranquilo.

Eldoret está situada en el Rift Valley a 2.000 metros de altura y cuenta con una población de aproximadamente 200.000 habitantes. Es una ciudad con mucho movimiento por su agricultura, por sus universidades y por ser el sitio donde se entrenan los corredores (como anuncia un letrero en el aeropuerto: "Bienvenido a Eldoret, hogar de los campeones"). Efectivamente, en las últimas décadas el distrito de Eldoret produjo más medallistas en competiciones internacionales de media y larga distancia que cualquier otro país en el mundo. Los habitantes de la región pertenecen a la tribu kalenjin, nómades que emigraron de Sudán y se establecieron al Oeste de Kenia y Uganda. Actualmente es común ver a miles de atletas entrenarse corriendo por las mañanas y por las tardes.

El vuelo aterrizó sin inconvenientes. Lentamente los pasajeros fuimos descendiendo. Cuando teníamos nuestras maletas en la mano, Rafael me dice sonriendo:

–Nunca le dimos nuestros nombres a la persona de ADC que nos vendrá a buscar.

Yo miré alrededor y viendo que solo éramos cuatro personas blancas de todo el pasaje le respondí:

–No te preocupes. Seguro no va a tener demasiada dificultad para identificarnos. ¡Lo que me preocupa es cómo haremos nosotros para identificarlo a él!

La situación se resolvió más fácil de lo que Rafael y yo pudimos suponer: repentinamente un hombre se nos acercó, tomó nuestras maletas y, sin mediar palabra, se encaminó a su vehículo. Nosotros confiamos en que no sería un ladrón, de modo que lo seguimos hasta que vimos en la camioneta la sigla de la compañía.

En silencio recorrimos la distancia que separa Eldoret de Kitale por un camino muy pintoresco. Los árboles frondosos y la vegetación tropical adornaban el camino. Resultaba bellísimo circular por esa ruta bordeada de todos los matices de colores de las flores más extrañas y vistosas.

El chofer nos dejó en el Golf Club de Kitale, el mejor de los hospedajes que habíamos visitado hasta ese momento en África. Nos instalamos en un chalé muy bien equipado: una gran habitación con vestidor, un baño muy moderno y una sala con hogar. Todos los ambientes estaban muy limpios y luminosos. Luego de un breve almuerzo otro chofer nos vino a buscar para llevarnos a las oficinas de la empresa ADC. Allí nos esperaba Ulai Anders, con quien nos habíamos encontrado en Buenos Aires, aquel día memorable que fuimos al hotel donde se hospedaba la delegación invitada por el grupo de Ignacio Bareja. Ulai nos presentó a Samuel, el nuevo gerente general que lo sustituiría porque Ulai iba a ser trasladado a las oficinas de Nairobi.

Luego de la habitual salutación a la que estábamos acostumbrados (primero, una bienvenida convencional y segundo, quien recibe toma la palabra y ceremoniosamente agradece la visita), Rafael presentó nuestro proyecto con todos sus detalles. Nuestros interlocutores escuchaban atentamente: Samuel parecía un hombre reservado y su forma de ser contrastaba con la de Ulai, más comunicativo y menos formal. Cuando Rafael terminó su exposición, Samuel preguntó:

—¿Son ustedes *farmers*? ¿Tienen experiencia con la soja?

Y, sin esperar respuesta, siguió con más preguntas:

—¿Producirán para el mercado local o para exportación? ¿Cuánto vende anualmente su compañía en Argentina? ¿Cuál es el área mínima integrada en un mismo lote que precisan trabajar? ¿Correrán ustedes con la totalidad del riesgo de la implantación del cultivo?

Luego, de manera imprevista, Ulai y Samuel comenzaron a conversar y a evaluar cuáles eran las posibilidades de reunir la cantidad de tierra que requeríamos considerando las tres estancias de las que es propietaria ADC.

Rafael y yo nos miramos y enseguida supimos que estábamos pensando en lo mismo: "¡Qué nivel de improvisación con que estas personas abordan las reuniones! ¡Evidentemente no hubo ninguna preparación; deciden todo en el momento!".

Yo, mientras los observaba, deduje que no habían leído nuestro modelo de contrato y tampoco sabían qué les íbamos a proponer exactamente.

–¿Recogen muestras de suelo periódicamente?, –escuché de repente la voz de Rafael.

–Sí. –Contestó escuetamente Samuel.

–¿Podemos ver sus registros? ¿Ver los análisis? –dije rápidamente.

A lo largo de la entrevista no se volvió a hablar del tema (a pesar de que insistí un par de veces). Esto me llevó a sospechar dos posibilidades: o bien no tenían los registros, o bien eran tan reservados que no querían darnos ninguna información hasta asegurarse las condiciones con las que irían a trabajar con nosotros. Ulai comentó:

–Disponemos de todas las maquinarias necesarias en cada una de nuestras estancias.

–¿Tienen sembradoras en directa?, –preguntó Rafael.

–No. Con esas no contamos –lamentó Ulai.

–¡Es más, les diré que en mi viaje a la Argentina supe cómo era posible sembrar sin arar la tierra! ¡Toda una novedad! –acotó con entusiasmo.

La reunión finalizó con el señalamiento de los lugares en que la empresa tenía dos lotes (de aproximadamente 250 acres cada uno) que se localizaban en Wani Farm a 15 km y en Katu Complex a 25 km. Con el compromiso de ir al día siguiente a ver esos lotes y tomar muestras de suelo, y con la ceremonia de conclusión de toda entrevista (que ya era habitual para nosotros): el servicio de té con leche (desagradable para mí) que se debe beber hasta la última gota, y la firma del libro de visitas.

–Un último tema, –dijo Ulai –¿Qué les parece si hoy cenamos juntos?

Aceptamos y mí me pareció como un guiño que nos estaban haciendo para seguir conversando sobre el futuro trabajo en conjunto pero fuera de las oficinas. "Veremos qué pasa más tarde" me dije para mí misma.

En el camino de regreso a nuestra residencia en el Golf Club pudimos observar un mercado al aire libre. En el interior de Kenia los mercados no son muy diferentes a los de otros países africanos o asiáticos (como India o Nepal): bullicio, voces pregonando sus mercancías, olores intensos y diversos, multitudes comprando y vendiendo. Un amontonamiento de carbón, de plásticos, de ropa, de verduras, de trozos de carne que se ofrece en el mismo lugar. El aire resulta denso bajo el sol rajante de alrededor de 30 ⬛C.

En esta recorrida que realizamos me llamó la atención, en particular, la venta de grandes superficies de plástico reciclado que utilizaban para desparramar los granos en el suelo y permitir que se sequen al sol. Y también la venta de carbón en trozos, dentro de pequeñas latitas que deberían pesar un kilo cada una. Esto me llevó a pensar: "¿Cuánto le puede durar ese carbón a una familia?, ¿cuántas comidas pueden hacer con esa cantidad?" Me resultó difícil de calcular.

Cuando ya estaba instalada en nuestra habitación al final del día, comencé a tomar algunas notas acompañadas de ciertas reflexiones. Así escribí:

- Factor "confianza" en la relación comercial

- Agudeza para percibir la intención del otro

Y a continuación, las siguientes preguntas:

1. Los gerentes de las empresas gubernamentales que conocimos, ¿son afiliados a algún partido político?

2. La fidelidad electoral (con el consecuente nombramiento con cargos en las empresas estatales) ¿pasa por una cuestión tribal?

3. ¿Cómo funciona el sistema de decisiones en estas empresas?

4. ¿Cómo se componen los intereses tribales y la distribución del poder?

5. ¿Cómo deciden y quién decide?

6. ¿Son los mismos que tienen la autoridad para hacerlo o existen estructuras paralelas de poder informal?

Cuando estaba terminando de escribir esta última pregunta, Rafael se asomó a mi libreta y dijo:

–¡Evidentemente tenemos más interrogantes que certezas!

–Eso es lo que estaba analizando, –le dije. –Piensa, Rafa, cuando conocimos a Ulai. Él y su jefe habían viajado a la Argentina acompañados por el Secretario de Agricultura ¿Por qué no hicieron nada al regresar de su viaje? ¿Por qué no intentaron implementar algunas de las novedades que corroboraron en nuestro país? ¿Acaso ese viaje fue solo de paseo o realmente tenían algún interés político en implementar un cambio en la agricultura keniana?

–¿Y si no hay implementado nada todavía por ser época de elecciones? –acotó Rafael.

–Es posible, –dije pensativa. –Mwaria nos había comentado que cuando uno acuerda con el Gobierno, luego aparece un "político" y deshace el acuerdo. Si esto es verdad nuestro riesgo de pactar con los actuales gerentes sería muy alto porque, a la luz de las próximas elecciones, un cambio en el Gobierno podría significar un cambio en las autoridades de la compañía estatal.

–Me siento algo inseguro con nuestros socios locales. Ellos deberían tener alguna respuesta a estas cuestiones. Y, además, proteger nuestros intereses que se supone son los mismos que los de ellos –comentó Rafael.

–Yo –dije en un arranque confesional, –me siento una especie de gallina a punto de ser "desplumada".

Esta imagen que manifestaba mi desconsuelo le hizo gracia a Rafael que pronto comentó:

–¡Se nota que tenemos apetito! ¡Dejemos estos temas para mañana y vayamos ahora a cenar!

Vincent, nuestro chofer local, nos pasó a buscar y fuimos al restaurante del hotel Mid Africa, cuyos dueños eran la pareja que abordamos en la calle en Buenos Aires y que nos presentó a Ulai. Apenas ingresamos al restaurante identificamos a Ulai y a Samuel que nos aguardaban en una mesa, y un poco más alejada distinguí la mesa preparada para el chofer. Nos acomodamos y Rafael abrió la conversación.

–Entonces, ¿existen posibilidades de que un ciudadano no-keniano arriende tierras para explotación agrícola?, –preguntó Rafael.

–Efectivamente –respondió Ulai y agregó, –nada impide a una empresa particular, aun con mayoría de socios no-kenianos, alquilar tierras a otro particular o a una empresa gubernamental, como la nuestra.

Apenas Ulai terminó de pronunciar estas palabras, sonó mi teléfono. Era Mwari. Inmediatamente pensé que entre él y nosotros había definitivamente una conexión porque su llamada parecía una respuesta a la pregunta de Rafael.

Me alejé unos pasos y le escuché decir:

–Sofía, tienes que tener en cuenta algo muy importante. *Green Agro* puede arrendar tierras agrícolas, pero aun celebrando un contrato de *management,* ADC tiene la posibilidad de quedarse con todo el cultivo. No solamente con el porcentaje que le propongas.

–¡Y pensar que nosotros le propusimos solo el 15 %!, –dije asustada y pregunté –¿Qué haremos, entonces?

–¡Black Agro! Aquella idea que nos sugirió el abogado David Jeremy y que te comenté el primer día que nos reunimos. Una compañía integrada solo por kenianos que celebra los contratos y luego los transfiere a *Green Agro*.

Regresé a la mesa con muchas incógnitas porque comencé a evaluar las implicancias que ese giro podría tener en las futuras negociaciones. La conversación, aunque cordial, evidenció que, tanto Ulai como Samuel, tenían un bajo poder de decisión.

Los campos en Wani Farm y en Katu Complex bajo la lupa

Al día siguiente, antes de desayunar, recibí una nueva llamada de Mwaria en la que me decía que se encontraba junto con David y que este nos aconsejaba definitivamente (y remarcó bien esta palabra) formar *Black Agro*. Sus socios serían Mwaria y Francisco, y luego *Black Agro* entraría de socia en *Green Agro* junto con Rafael y yo.

Esta comunicación me produjo más incertidumbre sobre cómo funcionaría nuestro emprendimiento y, para ayudarme a pensar, escribí un cuadro en el que comparaba las implicancias societarias, legales, económicas y financieras que acarreaba cada una de las alternativas.

Luego del desayuno fuimos directamente a Wani Farm, una estancia de aproximadamente 30.000 acres, de muy fácil acceso desde la ruta. Supimos allí, según nos dijeron Ulai y Samuel, que después de la independencia del país, el gobierno decidió quedarse con estas tierras para evitar disputas y divisiones en lotes menores. En la actualidad ADC las administraba como una unidad en la que principalmente tenía como objetivo producir semillas para Kenya Seed, otra organización gubernamental.

En Wani Farm nos recibió la gerente general de la estancia, siguiendo el protocolo de las visitas anteriores. Ella estaba acompañada por dos personas más y Ulai que decidió participar en todas las visitas cumpliendo con el rol de "fotógrafo oficial".

Inició la conversación Ulai que presentó nuestro acercamiento en el marco de un MOU South-South para implementar *business* en cooperación. Luego se sucedieron uno por uno los momentos del protocolo: presentación de los presentes; firma del libro de visitantes y ofrecimiento de té con leche.

Luego pudimos salir a tomar muestras de tierra en los lotes que nos designaron. La visita a Katu Complex siguió exactamente el mismo patrón. Hubo solo dos diferencias entre una estancia y otra: 1) Esta última está dirigida por un hombre, Edward, y en ella se produce básicamente leche. El maíz que plantan tiene dos finalidades: alimentar el ganado lechero y ser destinado a semillas. En todos los casos lo colectan manualmente y húmedo (con 20 % a 25 % de humedad). Después lo secan al sol. 2) Esta vez no tuve que tomar el té con leche (abominable para mí).

Atento a todo lo que pasaba a su alrededor, Ulai había advertido en la reunión anterior que yo pedía que me sirvieran poco té con leche, lo que le llevó a preguntarme:

–¿Por qué tomas poco té con leche? Yo, cuando estuve en la Argentina y me ofrecían café, lo bebía todo… Sin duda el valor que Ulai, como parte de esa cultura, le daba a este ritual era mucho mayor que el de un mero protocolo de cortesía.

Tuve que explicarle que mi problema no era con el té sino con la leche. ("Muy considerado de mi parte estando en una estancia lechera" pensé).

–¡Ya lo resuelvo, Sofía! –dijo intempestivamente.

¡Cuál sería mi sorpresa cuando veo acercar una bandeja de té (sin leche, obviamente) en una taza muy grande! Definitivamente no tenía opción: tuve que beberlo todo…

Una vez afuera, recorriendo los campos en los que se había cosechado recientemente maíz, percibimos que había gente que parecía estar trabajando. Pregunté qué hacían y me respondieron que, en realidad, no eran empleados de ellos, eran personas que vivían en los alrededores y que entraban a las plantaciones para recoger el resto de posibles sobras de maíz.

–Cuando terminan de sacar todas las sobras, entran con su ganado para seguir comiendo el resto. De este modo, la tierra queda totalmente limpia, –dijo Edward, el manager del campo.

Por lo bajo, Rafael me comentó: –La tierra queda pisoteada y sin rastrojos. Esto es un problema si se quiere trabajar con el sistema de siembra directa. Yo solamente asentí pensativa.

También nos comentaron, con referencia a la variedad genética de las semillas de maíz, que en Kenia no se desarrollaban variedades como en la Argentina, que son plantas altas con más choclos. En Kenia las variedades de maíz son genéticamente más bajas para que las personas las puedan alcanzar y, además, cosecharlas a mano.

Luego de tomar las muestras de tierra fuimos a un centro de entrenamiento que tenían en uno de los campos de la compañía. Les ofrecimos hacer una breve presentación para los gerentes locales sobre lo que significaba la siembra directa y el sistema de producción que pretendíamos implantar. Como pareció interesarles mucho, marcamos un encuentro a las 15:00.

Con nuestra habitual puntualidad, llegamos unos minutos antes de las 15:00 y, salvo la persona encargada del salón, no había nadie. Le sugerimos que preparara el equipo para la proyección de un *Power Point* mientras aguardábamos que llegaran los invitados. Sentada tuve tiempo de analizar una característica que había observado en la mayoría de los kenianos: cuando se les solicita algo (un florero, una pala, una conexión de computadora, o lo que fuere), la respuesta siempre la formulan empleando un gerundio. Esta curiosidad gramatical se conecta con la duración efectiva de la respuesta.

–Por favor, ¿pueden conseguirme una pala para tomar muestras del suelo? Respuesta: Sí, ya la estamos "consiguiendo".

–¿Qué le parece conectar el ordenador y el proyector? Respuesta: Sí, ya lo estoy "conectando".

–¿Podría enviarnos un auto con chofer? Respuesta: Ya se lo estamos "enviando".

Lo curioso (o no, según el punto de vista que se tenga) es que siempre hay una espera de media hora o más también…

La presentación se inició en este caso una hora más tarde y terminó a las 17:45 y luego sirvieron un *late lunch*. Asistieron en total 16 personas. Algunos dormitaban durante la proyección, otros se mostraron impacientes, otros aburridos y algunos pocos escuchaban con interés. Esa situación me hizo recordar los seminarios en la Facultad a los que se invita a los alumnos a asistir. En ese caso, la "invitación" era obligatoria, porque se toma asistencia. Por lo tanto, a la mayoría de los alumnos se los observa sentados pero con la vista perdida vaya uno a saber dónde.

Algunas consideraciones sobre las diferencias que ellos veían entre las innovaciones que presentamos y las que utilizamos en la Argentina y en Kenia eran:

- La mano de obra en Kenia es mucho más barata y abundante, por lo que no es necesario mecanizar todas las labores (como la cosecha del maíz, por ejemplo).

- No es necesario abaratar los costos de la preparación del suelo para sembrar (arado) porque los márgenes que se obtienen son muy altos, de modo que economizar dinero por sembrar en directa no es particularmente nada interesante.

- No es necesario el silo bolsa porque todo lo que se cosecha se vende inmediatamente.

- La compañía es del Gobierno, por lo tanto, ofrece un servicio a la sociedad (producción de semillas para el pequeño productor, fundamentalmente). En consecuencia, la rentabilidad y la productividad son secundarias; en primer lugar está la función social. (Un principio similar pude observar en la empresa Aguas de Formosa en la Argentina).

Viaje a Eldoret

El día comenzó con un desayuno de negocios con un representante de Kenya Seed que trabajaba en la oficina central y que también había visitado la Argentina con la comitiva de Isidoro Parejas. Evidentemente, tal como sucedió en este caso también, tuvimos constantes incompatibilidades en cuestiones de horario. El representante de Kenya Seed llegó media hora más tarde de lo combinado, con lo cual nosotros ya habíamos terminado de desayunar.

–He quedado muy impresionado, en mi vista a Buenos Aires, por todo lo que escuché sobre la soja y la posibilidad del doble cultivo anual. Kenya Seed está trabajando para conseguir la aprobación de la semilla GMO (genéticamente modificada).

Lo primero que pensé cuando terminó de hablar fue: "Nuevamente el bendito gerundio. ¿Cuándo conseguirán la aprobación de la semilla? ¿Durante este año, en 10 años, en 30 años?"

Como la conversación continuó referida a la autorización para plantar GMO, le pregunté:

–¿Cuánto nos costaría en el caso de que consiguieran la autorización?

–Por el momento no les costaría nada, –dijo.

Algo no me sonaba lógico porque más allá del costo económico de tramitar el permiso, existe un valor estratégico en el hecho de poseer ese permiso y ser los primeros en plantar soja GMO en escala comercial. Con lo cual volví a preguntar:

–En el momento de obtener el permiso, ¿piensan dárselo a otras compañías para que lo usen?

Mi sorpresa fue grande cuando escuché:

–No. Solo se lo daremos a vosotros porque ustedes fueron los primeros que nos trajeron esta idea.

Pensé que eso, definitivamente, tendría un costo de oportunidad.

–¿Qué te parece, entonces, realizar un *agreement* entre tú, tu *team* y tus jefes para que junto con nuestra empresa Green Agro implementemos los primeros cultivos?

–¡Eso es lo que queremos!, –dijo.

Más tarde en mi libro de *follow-up* anoté:

✓ Enviar correspondencia cada dos o tres meses para ver cómo avanza el "trabajo de aprobación".

Vincent, el chofer de ADC, nos llevó desde Kitale hasta Eldoret y nos dejó en la puerta de la Universidad Chepkoilel. Esta Universidad tiene aproximadamente 10.000 alumnos, fue constituida como Universidad en agosto de 2010 y, recientemente, cambió de nombre por Universidad de Eldoret.

El Decano con quien habíamos marcado una reunión, nos atendió bien, a pesar de que no se mostró demasiado interesado en lo que hacemos. Me pidió que le enviara por correo electrónico la carta de recomendación de nuestro Ministerio de Agricultura, el borrador del contrato de *management* y una breve propuesta escrita sobre lo que pretendemos hacer. Como le comentamos que nos gustaría visitar algunas propiedades privadas, para cambiar ideas sobre la tecnología que aplican, hizo un par de llamados telefónicos y nos puso a disposición una camioneta para llevarnos hasta el lugar donde nos hospedaríamos y para trasladarnos al día siguiente al sitio de nuestro primer encuentro. Nosotros, por cortesía, solo debíamos pagar el combustible.

Un poco cansados por el calor y el viaje, nos instalamos en Eldoret Golf Club.

Encuentros con productores privados

El Decano de la Universidad de Eldoret nos había concertado un primer encuentro con Raymond, que también había viajado con la comitiva keniana a la Argentina. A su vez, él fue el encargado de llamar a otros productores que habían participado del viaje y los citó en su oficina para que de allí pudiéramos recorrer algunas propiedades y luego almorzaríamos juntos.

Raymond nos pareció una persona muy lista, rápida y con un deseo que expresó francamente:

–Ojalá ustedes pudieran traernos un poquito de lo que es Argentina como país productor de alimentos.

En una oficina llena de polvo trabajaban él y una asistente. Mientras nos ofrecía una bebida contó brevemente su historia. Era ingeniero mecánico y estaba muy orgulloso de tener su propia empresa. Raymond tenía el perfil del emprendedor que yo imaginaba con el nombre ficticio de *JKM (John Kimashi Machine)*. Había comenzado muy joven arreglando máquinas agropecuarias, luego importó algunas usadas y las vendió, y así abrió su negocio de compra-venta de máquinas. También hacía arreglos para terceros y producía en las pequeñas extensiones de tierra que poseía su familia. Como la producción agropecuaria le resultaba rentable, también arrendaba campos de terceros. Dijo obtener 40 bolsas de maíz por acre, con humedad alta, en torno al 20 %, que secaba al sol porque las máquinas de secado eran muy caras.

Luego nos mostró con mucho orgullo su taller que se encontraba detrás de su oficina. Allí vimos a 5 operarios que trabajaban arreglando las máquinas agrícolas. Y cuando estábamos en plena conversación llegaron dos productores más que se unieron a nosotros para acompañarnos en la recorrida de campos. Uno de ellos, Charles –educado en Inglaterra– mostró tener una clara noción de las diferencias entre la Argentina y Kenia, en lo que respecta a la organización de la producción.

La primera visita que hicimos fue a Komool Farm que, de acuerdo con nuestros anfitriones, es la mejor estancia del condado. Allí nos recibió el hijo del dueño, un muchacho de unos 25 años acompañado de su hermano menor. Era evidente que la empresa era familiar por lo que todos los miembros de la familia participaban en alguna actividad en la organización. Nos contaron la historia del campo: aparentemente la propiedad pertenecía a un inglés que en el año 2002 la puso a la venta. En ese momento el padre del muchacho trabajaba en ella como contratista y decidió comprarla. En 10 años de trabajo esa propiedad de 800 acres les permitió que se capitalizaran con un parque de maquinarias con las que fácilmente podrían atender una superficie 20 veces mayor.

En Komool Farm había:

- 1 secadora de granos y 3 silos metálicos por un valor aproximado de 2 millones de dólares estadounidenses.

- 3 tractores de última generación.

- 3 cosechadoras con control satelital.

- Varias sembradoras para siembra convencional y directa.

Los planes de expansión de la empresa contemplaban la construcción de un molino para moler maíz. Empleaban aproximadamente 320 personas en forma permanente, incluidos los que trabajan en la seguridad. Cuando mencionamos que en nuestro país para esa superficie no se emplean más que una o dos personas, nos comentaron que en la época del antiguo propietario inglés se empleaban 80 personas.

En toda la extensión del complejo Rafael y yo notamos dos aspectos resaltables: por un lado, una extrema limpieza y dedicación que evidenciaba el esmero con que cuidaban el parque de maquinarias. Por el otro, la seguridad era casi equivalente a la de una prisión.

Desde este establecimiento fuimos a un restaurante al lado de un *shopping center* para almorzar y luego el plan era visitar el campo de Charles. Durante el almuerzo cambiamos algunas ideas y sacamos algunas conclusiones emergentes de la opinión de nuestros anfitriones que anoté en mi libro de *follow-up*:

- Hay un fuerte interés en mantener el *statu quo* en tareas que emplean mucha gente (por ejemplo, la cosecha manual del maíz).

- Existen dos fuertes *lobbies* (uno en contra y otro a favor) del desarrollo de las semillas genéticamente modificadas (GMO).

- El Gobierno no tiene interés en desarrollar genética y las empresas privadas no tienen interés en introducirlas en Kenia (para que no las copien).

- Por problemas culturales hay un extremo cuidado con la posesión de la tierra y esto hace que las familias no se junten para alcanzar escala. Cada uno con su pequeña parcela (*plot*). Al respecto, Charles nos relató su dificultad en tratar de unirse con sus primos.

- El robo o la pérdida forzada de la producción son tolerados y se calcula como un costo de alrededor del 10 % de la producción (equivale aproximadamente al costo de pagar guardias de seguridad).

- Si bien el país invierte en educación, el problema mayor es formar a los maestros y luego emplear a los universitarios que se gradúan.

- El gobierno y sus políticas agropecuarias priorizan la situación de los pequeños productores (que son minúsculos, en realidad). No hay interés por los medianos.

- Es difícil pensar en sembrar maíz en directa si hay que mantener el sistema de cosecha manual.

- Las Universidades no contribuyen con la difusión del conocimiento.

- También me pareció interesante consignar las siguientes notas sobre Charles:

- Pertenece a la tercera generación de productores agrícolas.

- Estudió 7 años en Londres y viajó en la comitiva a Buenos Aires porque quiere implantar un cambio (si bien reconoce que en la familia es muy difícil).

- No ve ventajas en la siembra directa porque: a) no tiene problemas con el clima (exceso o falta de lluvias) y b) no tienen problemas de costos (hay mucho margen).

- Pocos jóvenes están interesados en la agricultura. No ven la actividad como un negocio o una salida comercial. Sin embargo, están interesados en las nuevas tecnologías.

- Los equipos en la Argentina tienen alta tecnología y son simples de operar.

Un descanso merecido

El domingo decidimos desconectarnos de todo y lo aprovechamos para descansar un poco. Luego del desayuno fuimos a la piscina del club. Allí pudimos observar la dinámica social: varias familias llegaron con niños (a cargo exclusivamente de las mujeres), los hombres iban a jugar al golf. En la piscina vimos un desfile de modas: ropas muy coloridas, algunas faldas largas y casi todas con zapatos cerrados de tacón, (nada confortables para caminar tanto en el área de la piscina como en el parque que la rodeaba). Los niños, muy espontáneos, disfrutaban el agua y jugaban en el jardín.

Para el almuerzo el club preparó un *bufett* al aire libre, en una de las galerías al lado de la piscina. Nos servimos algo liviano, arreglamos nuestras cosas y partimos para el aeropuerto a tomar el vuelo de regreso a las 16:30.

Una vez más, afuera del aeropuerto, nos esperaba Peter para llevarnos al departamento. Cuando tomamos la ruta hacia la ciudad había comenzado a oscurecer. Inmediatamente recordé el accidente fatal que habíamos presenciado antes de tomar el avión a Kitale y Eldoret. Recordé la imprudencia de los peatones y el poquísimo respeto a las reglas de tránsito por parte de los conductores. Ahora se sumaba la espesa noche. Al poco tiempo, como corroborando mi pensamiento, el tránsito se hizo más lento por causa de un accidente: una mujer había sido atropellada y yacía en el medio de la ruta.

Frente a esa terrible escena me pregunté por qué no se tomaban precauciones como, por ejemplo, hacer pasarelas para los peatones cada 500 metros. Con seguridad se minimizaría ese tipo de accidentes. ¿Tan poco valor se le daba a la vida humana?

De regreso en *Yaya Tower*, deshice el equipaje y me dediqué a armar el *Power Point* que sirvió de base para la elaboración de una *brochure* con los datos de nuestra empresa y una presentación general sobre quiénes somos y a qué nos dedicamos. Era el material gráfico que nos habían requerido.

Capítulo 16
Una reunión decisiva

Semana 5

Habíamos planificado comenzar la semana con una reunión decisiva. El lunes al final de la tarde nos encontraríamos todos los participantes del proyecto y accionistas de la nueva sociedad. Estábamos preparados Rafael y yo: habíamos consultado una vez más con otros dos abogados que nos confirmaron que tanto ciudadanos como organizaciones no-kenianos podían alquilar tierras en Kenia. Esa certeza nos hacía sentir fuertes.

Eran las 6 de la tarde y ya todos estábamos presentes: Mwaria Rutu, Francisco Vieytes, Rafael y yo.

–Si me permiten, creo que, en cuanto a la adquisición de tierras, existe un malentendido…–dijo Francisco e hizo una breve pausa marcando esta última palabra. –Paso a explicarles: es cierto que solo el Gobierno, las autoridades y los ciudadanos de Kenia pueden poseer tierras pero los no-ciudadanos pueden poseer derechos que, con la primera Constitución, eran por 999 años y con la última reforma constitucional se redujo a 99 años.

Pareció, al hacer una pausa, buscar en nuestros rostros algún gesto de aprobación, y como vio que, tanto Rafael como yo, permanecimos inmóviles continuó diciendo:

–Si ustedes pretenden seguridad jurídica, es decir, tener la seguridad de que no nos van a echar ni tomar la producción tendríamos que formar una sociedad keniana. Y sería esta sociedad la que firmaría los contratos de *management*. Más aún, ante una quiebra del contrato, la sociedad keniana podría reclamar ante la justicia, en cambio, una sociedad no-keniana, no.

–Así es, –agregó Mwaria. –La sociedad keniana la conformaríamos Francisco y yo. Y para ello deberíamos celebrar un contrato de alquiler por 5 años e inscribirlo en la escritura de la tierra.

Rafael me miró y buscó en mí la complicidad de haber comprendido cómo quedaba nuestra situación frente a la postura de Mwaria y Francisco en la sociedad. Yo hice un leve movimiento de cabeza con el que le di a entender a Rafael que yo también estaba analizando las consecuencias de las palabras de Mwaria.

"Quiere decir, entonces, que compramos derechos de los que poseen la tierra por 5 años dentro de los 99 años. Y por eso se asume la responsabilidad de pagar alquiler por los 5 años, más allá del resultado que se obtenga con la producción", pensé.

Un silencio profundo y expectante invadió la sala. Mwaria y Francisco nos observaban. Era evidente que se dieron cuenta de que nosotros estábamos reflexionando.

–Si se hace todo esto para protegerse de una eventual quiebra de contrato significa que estaríamos reclamando pérdidas que podríamos haber tenido, referidas a los costos de implantación del cultivo. Por lo tanto, la sociedad keniana, ella debería ser la que lo implante, es decir, la que compre los insumos, –comenté.

–No te entiendo, Sofía. ¿Qué quieres decir? –dijo Francisco.

Por el contrario, Mwaria, rápido, tomó la palabra y respondió:

–Es así.

–Entonces, será la sociedad keniana quien deberá comprar los insumos, pagar las labores, el alquiler de la tierra, etcétera. ¿No es cierto? Esto implica una necesidad de capital inicial y ¿quién lo aportaría?

Mientras que Francisco parecía realmente no entender de qué estábamos hablando, Mwaria seguía con una mirada atenta a todas mis palabras y mis movimientos.

–Además, –continué – supuestamente la sociedad keniana debería vender los cultivos y en ella se generarían las utilidades. En ese caso, ¿cuál sería el rol de nuestra sociedad, Green Agro?

–Green Agro hace todo, –afirma Mwaria con un tono imperativo – porque la sociedad keniana firmaría un contrato en que le otorga exclusividad para el *management* de todas las tierras que posea o alquile. Observen cómo se resuelve esto con un ejemplo: el edificio de la Universidad es propio, pero el *management* lo tiene el Marriot.

–Pero, Mwaria, esta analogía no es válida porque en nuestro caso Green Agro pone todo, el edificio (capital) y el *management* (trabajo) porque somos los que conocemos el negocio agropecuario, –dije con firmeza.

La conversación se desarrollaba con tensión y nerviosismo. Francisco continuaba en silencio (parecía haber desaparecido de la escena) y Rafael, algo impaciente, habló:

–¡Entonces, Green Agro sería solo una "imagen"! ¿Qué va a pasar con los socios? ¡Hoy son ustedes los socios de la sociedad keniana pero mañana pueden entrar otras personas que nosotros no conocemos!

–Sí, es cierto. Eso puede pasar, –dijo secamente Mwaria – ¡Por eso yo propongo a Utendaji Ogole como gerente de la sociedad! –refiriéndose a la persona que había sugerido cuando aún estábamos en la Argentina en la fase de planificación del proyecto.

–Tú sabes que no me parece una persona apropiada para dirigir una compañía pequeña que recién comienza. Sabes que pidió sueldo alto, auto y secretaria, cosas que no son posibles de alcanzar en una empresa que recién comienza sus actividades. ¿Por qué insistes? –Agregó Rafael en un tono fuerte.

–Pues, te diré algo, Rafael: yo no estoy dispuesto a trabajar con instituciones como Graceton o como ADC. Si es así como se va a trabajar, yo estoy fuera. ¡No quiero envolver mi nombre en esto!

La conversación había tomado un giro inesperado y los ánimos estaban caldeados. Vi que Rafael se levantaba para responder y con sutileza lo tomé del brazo y dije:

–Caballeros, tengo, entonces, una mala noticia: hasta ahora Graceton y ADC fueron los únicos que nos ofrecieron tierras. Y tenemos grandes posibilidades de arrendarlas.

Un pesado silencio invadió la reunión nuevamente. En el ambiente quedaron resonando mis últimas palabras *"podemos arrendar las tierras"*.

–Creo que no tenemos otra alternativa –comentó un poco más tranquilo Rafael. –Yo estoy dispuesto a seguir adelante. Es más, voy a

correr el riesgo de quiebra de contratos y que se queden con mi producción, pero lo voy a hacer solo. Sofía está fuera y tú, Mwaria, por lo
que veo, también. Te invito, Francisco, a que sigas solo conmigo y que
llevemos adelante Green Agro.

Estas palabras, rotundas, salomónicas, nos dividieron, y aplas-
taron los ánimos. Nuevamente el silencio incómodo.

–Creo que es un momento oportuno para que nos retiremos y re-
flexionemos –dijo Mwaria.

–Estoy de acuerdo –le respondió con firmeza Rafael. –Mañana iré a
la Universidad para conversar contigo, Francisco. Y, si decides continuar, programaremos los próximos pasos para modificar el estatuto
de la sociedad y seguir adelante, o no, con el proyecto.

Cuando se cerró la puerta y quedamos Rafael y yo solos, ex-
perimentamos un sentimiento parecido a la desilusión. Como si algo
de lo vivido en esa primera reunión anunciara la imposibilidad, a la
larga, de concretar nuestro proyecto.

Nuevos socios

El encuentro de Rafael con Francisco fue breve y conciso. No hubo
discusiones, tensiones ni desavenencias de ningún tipo. Al regreso de
la reunión Rafael me encontró esperándolo con una manifiesta ansiedad. Él, por el contrario, se sentó frente a mí y con cierta parquedad
(me hubieran gustado más detalles) pero con extrema precisión, dijo:

–Francisco aceptó las nuevas condiciones. Se asombró cuando me vio
entrar a su oficina solo, sin ti. Aceptó nuestra propuesta como un desafío personal y dijo que le gustaba. Inmediatamente puso a trabajar
a los abogados y a un grupo de comunicaciones de la Universidad.
Coincidimos en que la idea era producir, lo más rápido posible, una
brochure para comunicación y un modelo de contrato de *management*.

Rafael hizo una pausa y, como tomando energía, sentenció:

–Nuestro objetivo, querida Sofía, a esta altura de las circunstancias, es acelerar los tiempos para tener todo listo y comenzar a trabajar.

Por la tarde fuimos a la recepción de la Embajada Polaca. Festejaban los "*Ostatki*" o la fiesta de las sobras. Un ambiente de calidez nos sorprendió muy agradablemente. El edificio, semejante al de la Embajada Argentina, parecía, sin embargo, más representativo de la nación polaca y con mayor seguridad. Esta tradición celebraba el inicio de la Cuaresma y así cada invitado llevaba un plato de comida con "sobras". Era interesante ver cómo los invitados desfilaban con sus paquetes que entregaban en la puerta de entrada y luego se dirigían al jardín en donde los recibía el Embajador.

Cuando estábamos en estas entretenidas observaciones, el Embajador pidió la palabra, nos dio la bienvenida a todos y remarcó especialmente nuestra asistencia. Yo percibí en el momento que todas las miradas se posaron sobre nosotros y, a partir de entonces, casi todos los invitados se nos acercaron intrigados por nuestro proyecto en Kenia.

En ese ambiente pude poner en práctica mi incipiente polaco, lo cual amenizó mucho la situación. Todos estábamos relajados: los polacos por tratarse de un encuentro festivo, nosotros por haber concretado con Francisco un punto de partida.

Al final de la tarde, volviendo en el auto, yo hice un repaso de la multiculturalidad étnica de la que fuimos testigos:

–...Yo conversé con un hombre polaco casado con una muchacha keniana que es profesora de tango.

–Yo me pregunto, –acotó Rafael algo risueño –esta profesora qué técnica empleará: ¿la del suburbio o la de la academia?

–No seas así, Rafa –dije cómplice de su broma. –Déjame seguir: hablé con un polaco (Ph.D. en Geografía) que estaba casado con una filina que trabaja en el World Bank. Y, por último, se me acercaron dos jóvenes polacas. Una que trabajaba con inversiones y que quedó muy interesada en nuestro proyecto y la otra era una muchacha amiga de un italiano fabricante de aceites que insistió en hacer un contacto con nosotros.

–Todo muy interesante… –empezó a decir Rafael, –el aceite, las inversiones, el World Bank, pero en este momento si me das a elegir… ¡Yo moriría por tomar clases de tango con la profesora keniana!

OMO River y un contrato para celebrar

Se acercaba la fecha de las elecciones presidenciales y la mayoría de las personas locales nos recomendaban salir del país en esa semana, como medida de precaución por posibles disturbios. Como el año anterior habíamos explorado el norte de Etiopía, para esa oportunidad planeábamos dirigirnos al sur, a la región del Omo River, que comparten Kenia y Etiopía, en la que habitan tribus con culturas milenarias. Nos fue más complicado de lo esperado preparar el viaje al Omo River. Los precios variaban significativamente de una agencia de turismo a otra.

En el intervalo de los preparativos para el viaje traté de comunicarme con Mwaria pero fue imposible, no respondió ninguna de mis llamadas. Pensé que seguramente se habría resentido por su salida de la sociedad. Esa noche no pude dormir bien analizando qué consecuencias nos acarrearía la desaparición en nuestro proyecto de Mwaria, quien fue el impulsor de nuestro viaje a Kenia para demostrar cómo funcionaría allí el modelo argentino. A pesar de todo, finalmente, el sueño me venció.

Por la mañana fuimos a la oficina de David Jeremy Jr. que nos esperaba para firmar las actas constitutivas de la sociedad. El día anterior habíamos conversado con Francisco:

–Tengo que comentarles que David no quiere cambiar el contrato porque, ahora, Rafael tiene más del 75 %. Entonces no es necesaria la cláusula de los *reserved matters.*

–¿Cómo? –dijo Rafael en un tono enojado –¡No entiendo por qué el abogado insiste en hacer las cosas a su manera y no como se lo pide el cliente, o sea, yo!

La reunión con David que se mostró muy ejecutivo resultó breve y un tanto fría. Hizo al pie de la letra lo que le solicitamos y les pidió a Francisco y a Rafael que firmaran una gran cantidad de papeles. Luego conversamos de cuestiones irrelevantes mientras esperábamos que se prepararan otros documentos adicionales para firmar.

–Estamos muy entusiasmados con los avances del proyecto –dije, para quebrar un poco el hielo.

David levantó la vista como si fuera la primera vez que me prestaba realmente atención desde que estaba sentada en su oficina y habló con voz muy pausada:

–Ustedes deberán tener muy en claro que la mentalidad de la gente a la que van a contratar es absolutamente tribal, –y resaltó especialmente esta palabra. –Tienen una gran desconfianza al "europeo". No hacen nada *for free*, solo les interesa el dinero. Les digo más: cualquier negocio de *Crop Management* saldría en 24 horas si ofreciéramos algo a cambio.

Como si David hubiera adivinado mi pensamiento *"yo les explicaré que no somos europeos"*, rápidamente me contuvo sin dejarme hablar. Así continuó:

–Les sugiero que les den a los funcionarios de las empresas estatales con las que negociamos, por ejemplo, algunos silos bags para uso personal. A propósito, ¿ustedes están utilizando el modelo de contrato de *Crop Management* que les pasé?

–No, –acotó Francisco que hasta el momento había permanecido en silencio. – Nosotros les hemos pedido a los abogados de la Universidad que elaboren uno.

–Bien, –agregó rápidamente David. – Solo tenía interés intelectual.

Y yo pensé: "*Calma, David, no te plagiaríamos*"

Se produjo un silencio incómodo a continuación que fue quebrado por David:

–Convocaremos a la primera reunión de accionistas en el que nombraremos al auditor, al banco con el que se operará y diremos cómo se integrará el capital social, (*Bank Account & Money of shares*). Por último registraremos la sociedad.

Hechos los saludos de rutina, nos despedimos y nos encaminamos sin dilaciones a la Universidad. Allí nos encontramos con el grupo de comunicaciones para terminar de arreglar el *Power Point* de presentación de la empresa. Luego vimos a la abogada de la Escuela de Negocios para corregir algunos detalles del contrato de *Crop Management*. Fue un día muy productivo porque resolvimos bastantes asuntos pendientes.

De regreso al Yaya Tower noté que Rafael estaba un poco impaciente. Cuando iba a intentar preguntarle cuál de todos los motivos que teníamos para inquietarnos lo preocupaba más urgentemente, sonó su teléfono:

–¡Perfecto!– dijo. – Seguimos en contacto. Buenas noches.

Ante mi mirada interrogante comentó:

–Era el gerente de ADC y dijo que aceptaba el contrato. Tendremos que reunirnos con el número 1 de la compañía para negociar la participación, o ganancia, de cada parte… ¡Sofía… ya tenemos campo!

Capítulo 17
Tierras difíciles

Semana 6

En la mañana de ese lunes, temprano, Rafael colgó el teléfono con una evidente pesadumbre. No dijo una sola palabra ante mi mirada, más que ansiosa e inquisitiva.

–Bueno, ¿qué te ha dicho? ¿A qué hora tenemos la reunión con el presidente de ADC?, –yo formulaba estas preguntas cuando, en realidad, ya sabía la respuesta. Conocía demasiado bien a Rafael, comprendía cada gesto suyo pero yo no quería escuchar la verdad…

–Cancelaron la reunión, Sofi.

–Pero si el viernes habíamos combinado que hoy teníamos una cita. ¡Solo faltaba marcar el horario!

–Ya lo sé… Cancelaron y no fijaron una nueva fecha…

–No te preocupes, –dije enérgica. –Recuerda que todavía podemos avanzar con los propietarios de las tierras de Timau que parecen buenas…

Habíamos pasado todo el fin de semana en contacto con los dueños de 1.600 acres en el área de Timau. Un exalumno de la Escuela de Negocios, James –dedicado a negocios inmobiliarios– se había comunicado con nosotros y nos había comentado que existía la posibilidad de arrendarles 300 acres.

"Los propietarios no pudieron vender la tierra; es posible que acepten alquilarla. Allí podrán seguir su modelo de producción". Había escrito en el primer correo.

A lo que le respondí: "¿Qué te parece la tierra?".

"Es difícil de evaluar porque en los mapas satelitales aparece en un sector denominado *rain shadow* (área con poca lluvia). Pero hay que ir a verla, de todas formas"; contestó en su último contacto.

Apenas había terminado de leer la respuesta de James, vi que Rafael tomó su celular y dijo:

–Llamaré a David. Sé que su familia tiene campos en esa región y me comentó en varias ocasiones que sobrevuela la zona con su avión. Nunca mencionó esas características del suelo de Timau…Veremos qué me dice… –Hola, David, ¿tienes un minuto? (…) Me han ofrecido alquilar tierras en Timau. ¿Qué te parecen?, ¿podremos trabajarlas sin problema? (…) ¡Qué buena noticia me das! ¡Gracias, David! ¡Adiós!

La sonrisa victoriosa de Rafael fue la mejor respuesta que recibí: según la impresión de David toda la zona de Timau presentaba un buen régimen de lluvias. Fue así que decidimos avanzar con las condiciones del contrato para luego verificar mejor el terreno.

En nuestra agenda para ese lunes 18 habíamos anotado lo siguiente:

- 8:00 llamar ADC para confirmar reunión.

- 16:00 encuentro con dueña de tierras en Timau y representante inmobiliario en departamento-oficina.

- 17:00 Reunión en Ministerio de Agricultura con el Ministro.

Y ahora estábamos Rafael y yo con un amargo sabor de frustración mirando la agenda y tachando la reunión con la gente de ADC. No sabíamos cómo se desarrollarían los hechos por ese lado, pero por lo menos ese día teníamos el encuentro promisorio de la tarde.

Al mediodía recibimos una llamada de la recepción del hotel en la que nos informaban que había llegado una señora acompañada de dos caballeros. Miré mi reloj pulsera y vi que esta gente había llegado con una anticipación de cuatro horas. Nuevamente los tiempos africanos se nos imponían y nos pasaban por encima. La parte positiva fue que nos encontrábamos juntos Rafael, Francisco (como nuestro socio local) y yo, porque habíamos decidido ultimar detalles en un almuerzo que, lógicamente, tuvimos que cancelar.

La dueña de las tierras era una señora de unos 70 años. Llegó acompañada de su hijo, Leonard, y del agente inmobiliario que no dijo nada durante toda la reunión. La señora dejó bien en claro que, aunque era la dueña de las tierras, el hijo se encargaba de su administración.

–Nosotros tenemos disponibles, en este momento, solamente 300 acres, porque el resto está alquilado hasta junio del año próximo. Para que tengan una idea de la calidad del campo, el régimen de lluvias alcanza un promedio de 1.000 mm al año, –se anticipó Leonard.

–Eso quiere decir que está afuera del *rain shadow*, –acotó Rafael.

–Efectivamente – respondió secamente.

Mientras Rafael localizaba en la computadora una toma satelital del lugar que aparecía con diversos lotes trabajados, Leonard continuó:

–Todo nuestro terreno es tierra agrícola y, además, contamos con todas las máquinas necesarias para el cultivo, excepto cosechadoras que las arrendamos en la zona. Para abreviar, nosotros hemos accedido a esta reunión para ver qué tienen para ofrecernos y si nos interesa.

–Me parece perfecto, Leonard –dije rápidamente. –Es por eso que quisiera mostrarles un breve *Power Point* en el que se ve cómo trabajamos en la Argentina. En concreto cómo es la siembra directa…

–Sé lo que es siembra directa. Nosotros la aplicamos, –interrumpió con un dejo de autosuficiencia.

–Ok. Déjeme, entonces, mostrarle una sembradora argentina –agregó Rafael para comprobar que estábamos hablando de lo mismo–, y le extendió un folleto

–Esta es una máquina antigua, –dijo Leonard ante nuestro asombro. –Nosotros contamos con maquinaria neumática más moderna. Luego agregó:

–Estamos cosechando trigo también y está rindiendo muy bien. Los análisis del suelo que realizamos nos indican que nuestro suelo está muy bien y no necesita ser nivelado para sembrar en directa. A propósito, ¿ustedes se encargarían de proveer las semillas, los fertilizantes y todos los insumos necesarios?, ¿piensan vender la producción en Kenia o en Argentina?

Iba a responder cuando se me ocurrió mirar a Francisco y a

Rafael que, luego del monólogo del hijo de la señora y de las abruptas preguntas, parecían haber quedado con muy poco para decir. Leonard aparentaba no necesitar nada de nadie: conocía nuestro sistema de siembra y estaba muy bien actualizado en términos de maquinarias y otras tecnologías. Yo, incluso, trataba de imaginar cuál sería la ventaja de que este hombre trabaje con nosotros. Y en estas reflexiones estábamos los tres cuando se me ocurrió –para ver cómo reaccionaría Leonard– comentar:

–Es muy ventajoso poder guardar la producción en silo bolsa.

–Sí. También los conozco, – respondió.

–¡Qué bien! ¿Y cuáles conoce? –me apresuré a preguntar y observé que hizo un gesto con sus manos mostrando los silos verticales –¡No! –dije y le mostré con mis manos que los nuestros eran horizontales.

Con rostro de asombro, recién en ese momento accedió a ver la foto en la computadora. Su actitud cambió radicalmente, inclusive se acomodó en su asiento como en señal de interés y curiosidad. Y dijo:

–¿Cómo se protegen de los roedores? Cerca de mi campo hay un área silvestre y allí viven animales salvajes, ¿cómo protegeríamos los silos bolsa?

–Podemos poner alambres eléctricos con generador de energía solar hasta la altura de 1 metro y medio teniendo en cuenta que, si a los elefantes les gusta el maíz y si entran en la categoría de "animales salvajes", tendremos en ese caso algunos pequeños problemas de seguridad, –respondí con un dejo de humor para matizar la charla tan tensa.

A pesar de mi intervención la conversación continuó en los mismos términos.

–Tenemos previsto en el contrato que nuestro porcentaje es de un 15 % de participación en lo producido durante 5 años –comentó Rafael y esperó su respuesta que se demoró.

—Creo que podemos dividir las utilidades en función a lo que cada uno aporte para producir. Por ejemplo: yo puedo aportar la tierra, las máquinas y ustedes las semillas y los fertilizantes. Luego vemos qué porcentaje significó cada aporte y dividimos las utilidades del mismo modo (50 % - 50 % o 70 % - 30 %) –dijo finalmente.

"No nos conviene. En particular porque queda un punto abierto en los aportes", pensé e inmediatamente pregunté:

—¿A cuánto valora la tierra?

Como no recibí respuesta, volví a preguntar:

—¿A cuánto valora la tierra? Porque si usted pone un valor de alquiler por la tierra a nosotros no nos interesa la asociación.

—Insisto en que deben visitar nuestra tierra antes de hablar de porcentajes o precios, –respondió.

Me di cuenta de que la conversación había llegado a un callejón sin salida y que Leonard no hablaría más, por eso le propuse:

—Le enviaré el contrato modelo que nosotros tenemos para que lo estudie y, si le parece bien, nos escribe e iremos a visitar su campo el sábado próximo. ¿Le parece?

De repente, la señora comentó:

—El sábado próximo no puedo recibirlos en el campo pero los dejo en las buenas manos de mi hijo.

Luego de despedirlos, cuando nos quedamos solos Rafael, Francisco y yo coincidimos en que no sabíamos qué buscaba Leonard, cuál era su interés.

—Creo que está endeudado, –dijo Francisco – y no cuenta con capital para implantar un cultivo, por eso le interesa asociarse.

—Hagamos cuentas, –agregó Rafael mientras tomaba un papel.

—Enviémosle el contrato diciendo que, para evitar malos entendidos, lo mejor sería mantener los porcentajes sobre la producción (y no sobre la ganancia), –acoté. –Que, en el caso de que él se encargue de todas las labores, nosotros aumentaríamos del 15 % al 20 % su participación en la producción.

Económicamente, la propuesta consistía en lo mismo porque las labores, las hiciera él o un tercero representaban aproximadamente el 5 % sobre el valor de ventas. La estrategia era ofrecerle el 50 % de participación en los resultados, que en la práctica equivalen al 20 % sobre la producción. Al mostrarle un número mayor (50 % y no 20 %) podríamos acercarnos a lo que –para él– resultaba "equitativo", teniendo en cuenta que la equidad, cuando se corren riesgos de perder todo el cultivo, desaparece.

Cuando terminamos de realizar nuestros apuntes y reflexiones los tres fuimos a almorzar. En la mesa seguimos intercambiando opiniones acerca de los tiempos, las demoras y las dificultades en conseguir tierras. Disfrutamos de la comida, pero manteníamos ese sabor amargo de otra derrota que significaba no tener ningún contrato firmado.

La búsqueda continúa

Los días pasaban y la impaciencia nos iba ganando porque veíamos que no concretábamos ninguna negociación. Habíamos intercambiado numerosos correos electrónicos con Leonard, el hijo de la dueña de tierras en Timau, pero no habíamos podido concretar nada con él.

Todos pensábamos diferentes soluciones para ese "callejón sin salida" en el que nos encontrábamos. Francisco propuso colocar un aviso en el diario para alquilar tierras y yo decidí llamar a la señora filipina que trabajaba en el World Bank y que había conocido en la recepción de la Embajada Polaca. Pasamos toda la jornada pegados al teléfono sin encontrar solución y al atardecer nos despedimos de Francisco agotados pero con el compromiso de no rendirnos.

La mañana del miércoles 20 mientras revisaba mi agenda en la que estaba anotada una reunión con el Ministro en el Ministerio de Agricultura, escuché que Rafael decía por teléfono:

–¡Sí! ¡Desde luego! Allí estaremos. ¡Adiós!

–¿Qué pasó, Rafael?

–¡Daniel acaba de preguntarnos si podemos reunirnos en ADC a las 11:00! ¿Qué te parece? ¡No todo está perdido todavía!

–¡Qué buena noticia! ¡Ya mismo me comunico con Francisco para que venga también!, –dije con una animación que prometía un día productivo.

Al poco tiempo nos encontramos con Francisco en un comedor cerca de la empresa para repasar los ítems de la primera reunión en ADC y lo propio de la segunda reunión que tendríamos con las autoridades de la Secretaría de Agricultura de Kenia. Con respecto al primer encuentro coincidimos en que básicamente debíamos escuchar, porque si nos llamaron ciertamente algo tendrían para decirnos, ya que ADC era una compañía gubernamental que dependía del Ministerio de Agricultura. También planeamos colocar un anuncio en el diario, ofreciendo una sociedad para el manejo de cultivos y Rafael firmó los documentos para apertura de una cuenta bancaria.

Diez minutos antes de las 11:00 ingresamos al edificio pasando por las medidas de seguridad que son habituales en organismos públicos, embajadas y otros lugares con intenso movimiento de personas. Cuando pasamos los controles subimos a la oficina de Andrew y allí lo aguardamos porque, según su secretaria, se encontraba reunido con el General Manager. Luego de transcurrida media hora nos condujeron al piso superior, donde se encontraban las oficinas del General Manager y allí nos dijeron que Andrew estaba fuera del edificio y que iba a demorar unos minutos más para llegar. Esperamos una hora más y decidimos llamarlo al celular. Dio resultado: en diez minutos hacía su entrada en la oficina y nos llevó al despacho del General Manager, luego de una espera de más de dos horas.

–Es improbable que puedan comenzar a sembrar este año. Tenemos que discutir la participación que nos ofrecen, –dijo el General Manager mientras se levantaba del sillón que ocupaba para buscar una calculadora en su mesa y con calculadora en manos preguntó:

–¿Qué piensan sembrar? ¿Soja? ¿Van a importar las semillas? ¿Qué contrato hicieron con Graceton University?

–La soja es proyecto a mediano plazo por falta de genética –respondió a la batería de preguntas Rafael. –Importar semillas de la Argentina solo es posible si Kenia autoriza a plantar GMO.

–¡No es posible utilizar semillas GMO! –contestó riéndose.

–Iremos despacio desarrollando diferentes variedades, –acoté con extrema seriedad.

– Si es así, no estamos interesados en que ustedes planten maíz o cualquier otro cultivo que nosotros ya producimos porque no podemos justificar por qué estamos en nuestras tierras introduciendo una empresa de extranjeros para hacer lo mismo que nosotros hacemos.

–Aguarde, –dijo Rafael –nosotros aplicaríamos el sistema de siembra directa.

–Nosotros también hacemos siembra directa, –agregó parco.

–De acuerdo, pero con nuestra técnica hacemos dos cultivos por año y queremos hacer maíz para que se viabilice la posibilidad de rotarlo con soja (dos cultivos en el año), –acotó Rafael muy serio.

La situación resultó tensa porque no teníamos mucho más para agregar a la pregunta de cuál era la ventaja de trabajar con nosotros. A pesar de que Rafael había explicado con mucho detalle nuestra propuesta en términos de intercambio de conocimientos, entrenamiento del personal de su compañía, la posibilidad de enviarlos a la Argentina, sin ningún costo. Nada parecía convencer al General Manager.

—¿Usted conoce nuestro silo bolsa?, – pregunté intentando seguir la conversación.

—Sí, ya escuché hablar de eso. Pero aquí tenemos problemas con las ratas –respondió.

Me sorprendió la respuesta porque sabíamos que en Kenia no existía el embolsado con silo bolsa y, si el problema eran las ratas, en la Argentina también las había y pudimos controlarlas con alambre eléctrico y raticida. Un silencio se hizo notar en la amplia oficina del General Manager que, por un momento, me pareció manifestar alguna duda (como si estuviera pensando en algo más) y preguntó:

—¿Cuál es el área mínima que necesitan?

—500 acres, –dijo Rafael.

Fue entonces cuando observamos que Daniel y el General Manager se miraron entre sí y este último dijo:

—500 acres es una superficie grande… Pero puede ser que en Katu consigamos 250 acres de los cuales 50 acres deberán hacer soja. Además, ¿por qué proponen pagarnos solo el 15 %?

— Mire, nuestros costos son fijos, los costos de nivelar la tierra, desarrollar la soja y, además, está el riesgo… –respondí.

—Ok. Pero yo no puedo explicarle al *Board* que estoy dejando la tierra a una empresa extranjera por solo el 15 % del valor de la posible producción –agregó con autoridad. – Solamente podemos hacer un acuerdo si ustedes garantizan un mínimo de valor por año en concepto de alquiler. Y eso debería ser 3 bolsas de 90 kilos de maíz por acre.

Al ver en nuestras expresiones de cierto disconformismo, volvió a decir:

—Ustedes, trabajando con nuestra compañía y en los términos en que les propongo les facilitará la expansión. Podrán usar las tierras de Katu como *show room* para cerrar otros contratos con privados.

Y abruptamente, se levantó de su asiento dando por concluida la reunión. Se acercó con cierta amabilidad y nos dijo mientras nos extendía la mano para saludarnos:

–Recuerden que estamos en un momento difícil para obtener tierras del Gobierno. Las elecciones serán en breve.

Mientras Francisco, Rafael y yo nos dirigíamos al ascensor para salir del edificio de ADC, confirmamos la hora de encuentro para nuestra siguiente reunión con el Ministro de Agricultura que se había reunido en la Argentina con su par, en la ocasión de la visita de la delegación keniana invitada por el grupo de Isidoro Bareja.

Una nueva reunión

En todo edificio público de Kenia no se permite el ingreso de taxis ni de vehículos privados. De manera que a las 15:00 bajamos del taxi y accedimos al Ministerio de Agricultura después de caminar unos trecientos metros (distancia que mediaba entre la entrada y las puertas de ingreso al edificio) por una puerta que tenía el cartel "Entrada VIP". Segundos después nos secundó el Ministro, que llegó en su auto y custodiado por un guardaespaldas.

En el ascensor VIP intercambiamos saludos de rutina y nos dijo:

–Aguarden, por favor, en esta sala. ¿Falta el otro integrante de la sociedad, no es cierto?

–Sí. Francisco avisó que ya está llegando.

Diez minutos más tarde hacíamos el ingreso a la sala del Ministro conducidos por un asistente que era el responsable del *Lapsset Proyect*. Como en todas las otras reparticiones públicas en esta también había grandes arreglos florales. La decoración era en cierta medida lujosa con cortinas de *voile*, muebles de madera lustrada, sillas y sillones tapizados en cuero. Vi que el Ministro tenía en sus manos la carta de presentación que le habían enviado desde la Argentina, con lo cual sabía exactamente quiénes éramos y qué esperábamos de él. De manera que, luego de un saludo cortés y breve, hablamos directamente de nuestro tema pendiente: conseguir tierras.

–Señor Ministro, –comenzó a decir Francisco –además de socio en Green Agro pertenezco a una Universidad privada que actúa hace más de 20 años en el país.

–¡Oh…! ¡Muy interesante! –acotó el Ministro.

–No se entusiasme, señor, aún no enseñamos *agribusiness*… –aclaró Francisco. Y brevemente, pero con argumentos contundentes hizo la presentación de nuestro proyecto. Al cabo de la cual el asistente tomó la palabra y, a su vez, nos presentó el *Lapsset Proyect: Lamu Port and Lamu Southern Sudan-Ethiopia Transport Corridor*.

–Construiremos una infraestructura de transporte que conecta los tres países (Kenia, Sudán y Etiopía) y culmina en el puerto de Lamu, que se utilizaría como segundo puerto alternativo al de Mombasa. Este proyecto incluye la construcción de oleoductos para el transporte del petróleo, una refinería, un puerto, una línea de ferrocarril y un aeropuerto, –dijo el asistente con extrema seriedad. –Actualmente el Gobierno keniano lo considera dentro de su proyecto de país denominado *Kenya's Vision 2030* que se implementará en pocos años.

Mientras lo escuchaba no pude dejar de asociar el *Lapsset Proyect* con Pili Neema. Recordé, entonces, que apenas llegamos a Nairobi, Pili, el exalumno que había participado en nuestra conferencia, nos había comentado sobre este proyecto y sobre el futuro que representaba para Kenia.

–… y es por eso – siguió su exposición el asistente –que dispondríamos de tierras para ofrecerles a fin de participar en *partnership* con ADC e invertir en cultivos.

"*El gobierno nos ofrece tierras en ese corredor…*", pensé y miré la reacción de Rafael ante esta noticia y vi que también estaba evaluando esta posibilidad.

–Acá tienen –y nos extendió tres carpetas –una síntesis de información de una consultora que da cuenta de la potencialidad de las tierras en ese lugar. Observen en la página 3 los informes acerca de la zona que, si bien es seca, cuenta con dos ríos y la posibilidad de irrigar, haciendo un acuerdo con el Ministerio de Agua e Irrigación. Verán que el área es virgen, que es necesario desmontarla y, en la última página, aparece el relevamiento del encargado del proyecto que informa que allí se puede implantar: algodón, cebollas y mango, entre otros cultivos. Es una gran oportunidad en la que ya inversores brasileños han firmado acuerdos para cultivar caña de azúcar.

–Los brasileños son muy hábiles y rápidos para hacer negocios, –dijo Rafael con una sonrisa.

–Es cierto. Fueron los primeros en contactarnos –comentó el Ministro.

"En la reunión de mañana que concerté con la gente de la Embajada de Brasil confirmaré este dato", pensé mientras escuchaba que Rafael continuaba hablando.

–Muy interesante, señor Ministro, encuadraría muy bien con nuestra propuesta, pero para una segunda fase. Necesitamos primero entrenar un equipo para trabajar con nuestras máquinas y, cuando haya infraestructura en esa zona podríamos "trasplantar" ese equipo al lugar. Por eso, para un primer momento necesitamos tierras más amigables donde podamos sembrar de inmediato.

Un silencio se hizo notar en la estancia que solo fue quebrado por el Ministro:

–¿Cómo les ha ido hoy con ADC?

–Nos han propuesto –dije – trabajar tierras en Katu, en donde nos darían 250 acres de los cuales deberíamos sembrar soja en 50 acres. Y nos pidieron que le garanticemos un mínimo de valor por año en concepto de alquiler.

Mis palabras resonaron en toda la oficina y al cabo de las cuales vi que el Ministro, (que nada había dicho hasta el momento) y el asistente se miraron.

–Les sugiero, –continuó el Ministro –que esperen un par de meses porque, dada la proximidad de las elecciones, ningún gerente ni empleado público de alto rango, se arriesgará a firmar ningún acuerdo hasta no ver cuál será la nueva política. Mientras tanto, les aconsejo *"do your homework"* pensando en la posibilidad de integrar el *Lapsset*.

Poco tiempo después salimos del edificio con más papeles y más ofertas asimétricas de negociación de tierras. Cansados de escuchar que hay que esperar para iniciar cualquier actividad nos despedimos de Francisco y nos dirigimos a nuestro departamento donde pensaba pasar en limpio algunas conclusiones y anotarlas en mi libreta.

Primera reunión en ADC:

- Nos ofrecieron tierras en Katu que ya habíamos visitado.

- Nos dan 250 acres. En 200 acres podemos hacer cultivos convencionales y en 50 nos obligan a plantar soja.

- Nos comprometen a pagar un valor, en concepto de arrendamiento, de 3 bolsas de 90 kilos de maíz por acre (sobre los 250 acres), o el 15 % del valor de la producción, el que fuere mayor.

- Si un año la producción va mal pagamos el mínimo, si al año siguiente va muy bien pagamos el máximo.

- Firma de un contrato de colaboración por cinco años.

Observaciones:

¿Qué ganamos con esa "colaboración"?

Trabajando con cualquier dueño por un valor fijo de alquiler de la tierra. Ventaja: si el año y la cosecha son buenos no pagamos el 15 % de la producción

Segunda reunión en Ministerio:

- Es factible encargar a la Universidad que complete papeles con propuestas de inversión para participar en el futuro *Lapsset*. Ventaja: cero costo para nosotros.

Observaciones:

¿Qué ganamos con esa "participación"?

Tendremos promesas de inversión sobre condiciones que algún día, quizá, el gobierno keniano podría llegar a cumplir.

Una nueva perspectiva

–¿Hola, Peter?, habla Rafael. Necesito el coche para llevar a Sofía a la Embajada de Brasil. Mira que va sola. ¡Cuídala!

Minutos después me encontraba dentro del auto. En el asiento trasero me sentí como en el film "Conduciendo a Miss Daisy". Yo conversaba con mi chofer sobre la salud de su esposa y el ambiente preelectoral en el país.

Mientras el auto circulaba por una amplia avenida pensé en la cantidad de veces que había hecho ese camino hacia el sector de la Naciones Unidas y, a pesar de todo, no dejaba de sorprenderme el parecido que le encontraba a esos barrios con algunas regiones de las afuera de San Pablo. Por ejemplo, los barrios de la Granja Viana, donde había vivido durante más de10 años.

La Embajada Brasileña era la tercera embajada que visitaba y, sin lugar a dudas, parecía ser la más simple. La casa no era muy grande pero se veía que se destinaba bastante espacio para oficinas en las que observé más personas trabajando que en la Embajada Argentina. Un asistente de la agregada comercial me recibió y me pidió esperar unos minutos mientras preparaba el *meeting room*.

Mientras aguardaba no pude dejar de pensar "¿Qué espero de esta reunión? Poco o nada, en realidad. Debo focalizarme en saber qué están haciendo los brasileños: ¿alquilan campos?, ¿solo venden máquinas? Y ¿el proyecto LAPSSET?, ¿es verdad que están invirtiendo capitales?".

–Adelante, por favor, –dijo un asistente interrumpiendo mis ideas. –Pase a este salón. Ella es la Agregada comercial.

Una joven rubia muy simpática, de la edad de mi hija mayor me extendía la mano para saludarme.

Mantuvimos una charla muy cordial en la que encontramos que debimos ser vecinas en San Pablo durante mi estadía con mi familia en Brasil.

–No, no es cierto. No hay capitales brasileños invirtiendo acá en Kenia, –me respondió francamente. –No se alquilan tierras a extranjeros. Solo hay un proyecto para producir arroz en el marco de un acuerdo firmado con el Ministerio de Desarrollo Regional que, según mis colegas de la Embajada, es más accesible que el Ministerio de Agricultura.

–Entonces, ¿no hay nada relacionado con el *LAPSSET*? –volví a preguntar.

–No, Sofía. No hay nada tampoco con el Gobierno ni con capitales privados. Usted debe saber que la tierra agrícola es un problema en

Kenia y los políticos tienen diferentes visiones y proyectos sobre el futuro agropecuario del país. Los *lobbies* son igualmente fuertes, tanto para cerrar el acceso a la tierra, como para abrirlo o flexibilizarlo.

– Entiendo… –comenté. –Nosotros estamos asociados con una Universidad privada…

–¡Oh! ¡Qué interesante!… –dijo la muchacha.

"¿Todos tendrán la misma reacción ante la mención de esta Universidad?", pensé.

–Nosotros –continuó, –tenemos trabajando allí a un profesor brasileño que se encarga de las finanzas de la Universidad y mantiene estrechos vínculos con esta Embajada. Pero creo que le podrá servir más entrar en contacto con Paulo. Él hace 20 años que vive en Kenia y se dedica a los agronegocios.

La conversación se fue diluyendo, y al cabo de unos minutos me encontraba de regreso al departamento en el auto con Peter.

Capítulo 18
Mayores inconvenientes

Semanas 7 y 8

Si bien durante los días siguientes pude comunicarme con Paulo y concertar un encuentro para más adelante, nada salió como yo esperaba. Planeábamos visitar Etiopía para ver sus tierras, pero problemas que afectaron nuestra salud nos lo impidió. Nuestro regreso a la Argentina se precipitó solo por esta causa y no por los disturbios políticos que todos pronosticaban que sucederían en Kenia.

Hacía varios días que había empezado a notar que una pequeña parte de mi espalda se encontraba enrojecida. La causa parecía ser un pequeño quiste sebáceo. Esa tarde, después de haber visitado la Embajada Brasileña, llamé al consultorio dermatológico que había visto en el Yaya Shopping Center y combiné una consulta con la mayor premura.

El consultorio era pequeño pero moderno. La mayoría de los pacientes que aguardaban en la sala de espera eran mujeres. Cuando me detuve a observar los grandes carteles que colgaban de las paredes deduje que tanta afluencia de pacientes se debería seguramente a consultas estéticas. Cuando fue mi turno de ingresar el médico dijo mientras me revisaba:

–Usted debe ser operada inmediatamente.

Me di vuelta de manera abrupta y mi mirada se posó en el rostro del joven médico de rasgos hindúes que me observaba impasiblemente.

–¿Cómo? –exclamé casi gritando.

–Usted me acaba de decir que debe viajar a Etiopía la semana próxima… Esto nos deja un margen de tres días para la cicatrización… Definitivamente hay que hacerlo aquí y ahora.

Solo atiné a pedirle al médico si me permitía hacer una llamada, sintiéndome como una acusada de un crimen del que no tenía la mínima idea.

–Como usted quiera, –dijo con un tono monocorde y se dedicó a revisar unos papeles sobre el escritorio.

–¡Hola, Rafael! ¡Tengo que operarme! ¡Esto es una locura! ¡No sabes lo sucio que está todo. En especial la camilla en la que estoy sentada…!

–Pero, ¿qué te pasa, Sofía?, – escuché la voz angustiada de Rafael.

–Parece que es una infección. Hay que drenarla… Me dice que es una cirugía menor. No se puede atrasar porque podría empeorar…

–Bueno, Sofi… Piensa que si no lo haces podría ser peor en Etiopía…

–¡Tienes que venir aquí lo más rápido que puedas!

A los pocos minutos Rafael entraba al consultorio. Frente a su mirada atenta el médico me aplicó una inyección que se suponía era anestesia. Nunca sufrí tanto… Y luego apareció el drenaje…

El médico le enseñó a Rafael cómo debía limpiar diariamente mi herida de tres centímetros que quedó abierta, durante las semanas siguientes y explicó que se iría cerrando y que de a poco el dolor comenzaría a ceder. Pero a los dos días, cuando nos relajamos de mi pequeña intervención porque iba mejorando francamente, fue el turno de Rafael. Él había desarrollado una especie de alergia en las manos con gran comezón, ardor y enrojecimiento. Entonces le dije:

–Rafa, vamos ya mismo a hacer una consulta.

Con gran docilidad Rafael me acompañó una vez más al consultorio del médico hindú en el Yaya Shopping Center. Cuando llegamos nos recibió el mismo doctor que apenas vio las manos de Rafael le indicó hacer un análisis de sangre. Todo fue muy rápido: yo fiscalicé disimuladamente (y llena de temores) las condiciones en que le realizarían el estudio, es decir, si se usaban jeringas descartables y si existía la asepsia necesaria.

Luego de unos minutos el médico se acercó con el resultado. Todo parecía estar bien por lo que le recetó un antihistamínico suave y una pomada. Entonces, con más calma comenzamos a armar una vez más las valijas para emprender nuestro deseado viaje de vacaciones.

Al fin Etiopía…

La ciudad de Addis nos recibió con un calor sofocante. Cansados del papeleo de la visa y preocupados por la falta de reacción de Rafael a los medicamentos recetados, nos dirigimos al hotel.

Apenas desempacamos Rafael intentó dormir pero tal como venía sucediendo, la comezón de las manos se lo impedía. Su paciencia era infinita y no se quejaba. Pero fui yo quien decidí hacer otra consulta:

–Vamos, Rafa–dije. –Vamos al hospital. No puedo verte así.

En el hotel nos informaron que el Hospital Turmi era uno de los mayores y mejores de la zona y que contaban con un equipo de médicos de Noruega. Y hacia allí nos dirigimos.

Apenas ingresamos nos dijeron que debíamos esperar en un patio semiabierto junto con unas 20 personas más. El espacio dejaba mucho que desear, es decir, su aspecto tenía poco de convencional para cualquiera que piense en un hospital. Además, un murmullo constante provenía de una televisión que transmitía un programa local. Durante nuestra espera no vimos pasar ningún médico que pudiera ser identificado por sus rasgos como noruego, de modo que decidimos consultar al único médico disponible que estaba de guardia.

Mientras aguardábamos nuestro turno presté atención a mi alrededor. El paisaje era desolador: las jeringas usadas yacían en el piso, papeles usados y algodones con sangre se amontonaban. Las pocas camillas que había estaban medio destruidas por la herrumbre. Sentada en una de ellas, una mujer esperaba junto con su pequeño bebé en el regazo.

La consulta fue rápida. Quizás demasiado rápida. El médico demoró más en rellenar la ficha con los datos de Rafael que en atenderlo.

Me llamó la atención la poca cantidad de médicos que se veían en el hospital y yo, un poco curiosa y otro poco para entablar contacto, se lo dije a la enfermera que asistía al médico.

–Es viernes. Los médicos musulmanes no trabajan… Respondió secamente.

Cuando Rafael terminó de ser examinado escuché:

–Esto es realmente alergia. Le daré otra pomada y unos comprimidos antihistamínicos. Pueden comprarlos en la farmacia del hospital.

De regreso al hotel, Rafael y yo pensábamos en nuestro descanso porque habíamos planeado pasar dos noches allí en Addis. Pero en la recepción recibimos la noticia de que solo tenían registrada una noche de hospedaje y que como estaban completos solo disponían de una habitación *single* para nosotros

De regreso a nuestra pequeñísima habitación le dije a Rafael:

–¿Qué te parece si adelantamos el recorrido por las tierras próximas al río Omo? No sé cuánto tiempo más podremos quedarnos.

–Está bien. Vayámonos mañana temprano y veré cuánto podré soportar esta situación…–dijo Rafael, haciendo un evidente esfuerzo por no perder la calma.

Un amanecer agitado

En la recepción del hotel contratamos un chofer que nos llevaría 800 kilómetros al sudoeste de Addis siguiendo el río Omo. Nos habían comentado que allí las tierras eran fértiles y se podían observar las tribus que habitaban la región y que mantienen sus costumbres milenarias. A pesar de la preocupación que teníamos por la salud de Rafael, ambos estábamos ilusionados.

En los días siguientes fuimos a Arba Minch, Jinka, Turmi y Konso. La rutina diaria era levantarse muy temprano y recorrer rutas casi intransitables, visitar las tribus de la región y pernoctar en cabañas, la mayoría sin luz eléctrica.

El calor durante el día agobiaba y por las noches Rafael tenía dificultad en dormir por la picazón que le producía la alergia. En Konso empeoró, además de las manos, amaneció con los brazos hinchados y ampollados.

–Esto no puede ser simplemente alergia –comenté cuando lo vi. –Me parece que no podemos dejar que esto que tienes te avance por todo el cuerpo…

–Yo no quiero ser la causa de un regreso precipitado –dijo Rafael – pero ya estoy preocupado. ¿Y si este proceso continúa y la piel se abre? ¡Significaría una posibilidad de infección!

Lo miré a los ojos y vi en su rostro una expresión mezcla de temor y de decepción, de modo que le dije:

–No lo pensemos más. ¡Volvamos a Buenos Aires!

–¿A Buenos Aires?

–¡Sí! ¡No lo dudemos más! ¡No podemos correr riesgos!

Ese día era un lunes y averigüé en la computadora que el siguiente vuelo para Johannesburgo salía dos días después a la medianoche. Eso significaba que el jueves a la mañana podíamos abordar la conexión a Buenos Aires y, por la diferencia horaria, el mismo jueves por la tarde podríamos visitar un médico argentino. Sin embargo, concretar todo esto representaba una maratón de horas de viaje, casi sin descanso. Y ni Rafael ni yo sabíamos cómo reaccionaría su cuerpo.

Sin embargo, le consulté a nuestro chofer si se animaba a regresar directo a Addis ese mismo día. Esto implicaba manejar nuevamente alrededor de 10 horas seguidas. Nos respondió que lo haría porque también percibió que había motivos de salud suficientes para regresar.

Esta vez realizamos la vuelta por otro camino, más directo y transitado. Durante el viaje, y mientras Rafael dormía, me entretuve con lectura y un poco de escritura. Cuando el camino se presentaba demasiado accidentado me dediqué a apreciar el paisaje a través de los espacios de las ventanillas que habíamos dejado descubiertos. Fue necesario cubrir el interior del auto con todo tipo de ropa: chalinas, camisas y blusas para mantener la sombra en su interior a fin de darle un poco de calma a la piel de Rafael manteniéndola alejada lo más posible del sol implacable.

Desde la ruta me comuniqué con Francisco para pedirle que contacte una nueva consulta con un médico en Nairobi. Cuando llegamos a Addis rápidamente compré pasajes para Kenia y nos dirigimos al aeropuerto para aguardar la salida del vuelo.

Más viajes

Es increíble cómo nos apropiamos de los lugares, los paisajes, los países. Cuando aterrizamos en Kenia me pareció sentirme en casa. Ahora Etiopía era el extranjero y Kenia empezaba a formar parte de mí.

Francisco nos fue a recoger al aeropuerto y con él hicimos una reserva de tickets para esa misma noche. Luego nos dejó en el hospital *Agha Khan University Hospital,* para ver a una dermatóloga.

El hospital nos impresionó muy bien. Estaba organizado y limpio. La médica había terminado su doctorado en la misma Universidad en España, en la que yo había hecho el mío, de modo que entablamos una relación muy cordial y en español. Concluimos que lo mejor era regresar inmediatamente, porque si iniciábamos algún tratamiento en África, al menos, una semana Rafael debía hacer consultas para poder evaluar el desarrollo del tratamiento. La médica nuevamente nos recetó cremas y otro antihistamínico para el viaje, y así nos despedimos.

Regresamos en silencio al Yaya Tower para retirar nuestro equipaje y almorzar una última vez junto con Francisco. La conversación fue extraña: en medio de nosotros se había instalado la molestia, la incomodidad y el silencio de Rafael. A pesar de todo hicimos un esfuerzo por trabajar y elaboramos una lista de los asuntos que quedaban pendientes.

Al atardecer se nos unió Mwaria y con su presencia pareció por un momento disolverse el desánimo. Ambos, Francisco y Mwaria, nos acompañaron hasta el embarque. No teníamos mucho más para decir. Los cuatro nos encontrábamos pensativos pareciendo cerrar un balance de todo lo vivido.

Tuve la sensación de que definitivamente finalizaba una primera etapa de un proyecto ambicioso y, por eso, muy prometedor. También supuse que tomar distancia, a través de este regreso repentino y no planeado, podría darnos la perspectiva que nos faltaba para volver a pensar en cómo continuar con este emprendimiento que sin dudas se estaba transformando casi en una obsesión para todos.

Cuando ya en la madrugada del día 6 de marzo, Rafael y yo entrábamos en la manga para dirigirnos al avión, miré una vez más para atrás. Francisco y Mwaria ya no estaban.

Me iba de África con la misma incertidumbre con la que había llegado. Así, junto con Rafael, avanzamos por la alfombra azul.

Epílogo

Miré a mi alrededor en el interior del avión y observé que la mayoría de los pasajeros estaban dormitando. Unos pocos leían o se distraían con una película. Yo no podía parar de pensar sobre nuestra experiencia en África. Con frecuencia me ocurre que en los vuelos mis pensamientos "vuelan" y los dejo fluir, como las nubes del paisaje que observo por la ventanilla.

Así, filosofando, recordé a Leopoldo Oliver, mi amigo filósofo y profesor de la Universidad de Navarra con quien habíamos cenado la primera noche que llegamos a Nairobi en este último viaje. Con él había compartido nuestras ideas sobre el proyecto en Kenia. Nos escribíamos con una cierta regularidad y yo guardaba esos correos en un archivo, como si fueran cartas. En ese momento, por algún motivo no muy claro para mí, sentí un profundo impulso de releer esas cartas.

Me incliné cuidadosamente por encima de Rafael para no despertarlo y retiré la computadora portátil del portaequipaje. Fui recorriendo los correos hasta que encontré uno en el que le contaba a Leopoldo mis planes sobre Kenia.

Querido Leopoldo

Espero que te encuentres muy bien y trabajando en este nuevo ciclo lectivo. Nosotros ya estamos de regreso en Buenos Aires. No sabes lo feliz que estoy con nuestra experiencia docente en Nairobi. Tanto Rafael como Pablo Quebeć, con quienes compartí la semana de clases, ven en Kenia una inmensa oportunidad para el desarrollo de los agronegocios. La tierra es fértil, pero su productividad es baja porque carecen de tecnología apropiada para su explotación y preservación. Además, si se organizaran empresarialmente en redes cooperativas, como en la Argentina, podrían surgir nuevos emprendimientos en manos de pequeños productores kenianos. Este modelo de organización empresarial contribuiría mucho al desarrollo de las poblaciones rurales, sin mencionar que el aumento de la productividad disminuiría la mortalidad por hambre.

Como verás esta idea de iniciar un emprendimiento agropecuario en Kenia me ilusiona y regresé decidida a llevarlo adelante el próximo año ¿Crees que deba estudiar swahili?... ¡Es una broma!, pero te cuento que me inscribí en un seminario sobre Etnografía en una Maestría en Antropología. Pienso que tendré mucho para aprender sobre la cultura y los valores de África Sub-sahariana ¿Tú qué dices?

Espero ansiosa tus noticias y te envío un afectuoso saludo,

Sofía

Como era usual, su respuesta no tardó en llegar. A veces intercalaba sus comentarios en mi texto, "como si estuviéramos conversando", me decía. Pero esta vez elaboró una respuesta separada y prolongada.

Querida Sofía

En esta soleada mañana de domingo he recibido tus líneas y me alegra saber que habéis regresado bien a vuestra casa. Como siempre, tú me sorprendes con proyectos nuevos y, por qué no decirlo, muchas veces incluyendo grandes desafíos. No le temes a lo desconocido, pero recuerda las lecciones de Aristóteles que nos enseñaba que las virtudes se encuentran en los términos medios; en este caso entre la temeridad y la cobardía. Me produce, también a mí, una gran ilusión lo que me dices sobre el proyecto de llevar la tecnología que tenéis en la Argentina para Kenia, un país rico en recursos naturales, sin embargo pobre en recursos tecnológicos. Tú tienes todas las condiciones para iniciar y desarrollar ese noble proyecto. El capital que te respalda, además de tus conocimientos teóricos, que no son pocos, es primordialmente tu experiencia práctica. Tú podrás conectar este nuevo emprendimiento con todo el bagaje que llevas dentro por tus experiencias anteriores; en la industria en Brasil y luego en la Argentina ¿Deseas estudiar Antropología? Pues hazlo, pero no para saber más, sino para saber diferente. La incertidumbre nos desestabiliza, entonces tendemos a buscar nuevos conocimientos para calmar nuestra tensión y reducir la brecha que se abre en nuestro saber. Por eso nuevos conocimientos, especialmente aquellos que provienen de otras disciplinas distintas a la de nuestra profesión, nos ayudan a ampliar nuestra comprensión del mundo que nos rodea. Te animo con todas mis fuerzas a que emprendas este nuevo desafío que, además, siento que te apasiona. Te recomiendo que comiences a registrar en un cuaderno de notas todo lo que te ocurre en relación a este proyecto y, si regresas a Kenia, no dejes de registrar un diario sobre tu experiencia. Cuenta con todo mi apoyo y envíale mis recuerdos a Rafael.

Leopoldo Oliver

¡Nada más práctico que los consejos de un filósofo! A partir
de ese momento comencé a llevar un pequeño libro con las notas
sobre nuestra experiencia. Ciertamente al regresar me resultará muy
útil tenerlo a mano para consultarlo. Es curioso lo que ocurre cuando
uno se lee a sí mismo. Parece como si estuviera leyendo una ficción,
en un escenario en el que uno no tuvo protagonismo, solo fue un
espectador. Releer las notas que uno toma durante una negociación,
por ejemplo, nos pone en otro "escenario" y podemos ver la negociación desde otra perspectiva, como si fuera una película. Así me sentía
releyendo las notas y los correos que le había enviado a Leopoldo.
Enseguida encontré otra carta interesante que había escrito durante
las primeras semanas de nuestra estadía.

Querido Leopoldo

Recibí tu último post titulado *La belleza de la verdad* el
cual te agradezco. Tu escrito me motivó a reflexionar sobre lo que nos está ocurriendo aquí en Kenia y que, quizás, tenga alguna relación con decir la verdad o con el decir veraz, la *parrhesía*. Estamos enfrentando dificultades
para conseguir firmar un contrato de arrendamiento de
tierras para trabajar con tecnología innovadora. Cuando
explicamos que nuestro proyecto no tiene fines de lucro,
que lo que estamos haciendo es motivado por el beneficio
que le traerá al país el hecho de aumentar la producción
de alimentos, nos miran con cara de desconfianza. De-
cimos la verdad y, en vez de conquistarnos la confianza
de quienes nos escuchan, generamos más desconfianza y
temores ¿Por qué este grupo de personas blancas quieren venir a enseñarnos algo sin ganar nada? ¿Qué es lo
que tienen para enseñarnos que nosotros no sepamos?
¿Tienen máquinas? Si es así ¿por qué no las traen, las
enseñan, nos enseñan a manejarlas y nos las regalan? Es-

tas y otras preguntas parecen quedar flotando en el aire cuando hacemos nuestro discurso veraz sobre nuestras intenciones ¿Es que sonará demasiado bueno para ser verdad? Paralelamente estamos con dificultades para que nos arrienden sus tierras. O nos piden precios absurdos, o quieren todo el alquiler adelantado, o pretenden que hagamos inversiones millonarias en infraestructura para el campo como alambrados o irrigación artificial. La verdad sin duda es bella, ¿pero la estética no está relacionada con la perspectiva de quien la contempla? Temo que nuestro proyecto fracase por exceso de transparencia. Gracias por tu tiempo y te envío recuerdos de Rafael y míos.

Sofía

Esta vez su respuesta fue más concisa, casi enigmática.

Querida Sofía

No consigo concebir un emprendimiento humano que fracase por exceso de transparencia o de confianza entre las partes, si bien acepto la posibilidad de su existencia. Si temes que el proyecto fracase, revisa los supuestos (además del exceso de transparencia) que soportan tu temor. Analiza los juicios de valor que fundamentan tus supuestos y prepárate para aceptar paradojas, como la miseria de la condición humana que nos torna miserables en un mundo pleno de riquezas a nuestro alcance. Estás bien preparada para observar; aguza tu ingenio. Desvía la mirada de tus planes y observa lo emergente. Con todo mi afecto.

Leopoldo

Cerré la computadora, no podía leer más. Perdí mi mirada en el cielo teñido de rojo por el atardecer ¿Qué me falta para llevar adelante el proyecto de Kenia? ¡Objetividad!, dirían los expertos en *management*. Definir claramente los propósitos, diseñar las estructuras adecuadas, atravesarlas por claras líneas de poder y comunicación ¡Subjetividad, además!, les respondería. Encontrar el sentido a la necesidad de trascender con nuestros actos, manteniendo vivos nuestros sueños e ilusiones.

Una vez un joven alumno de la Licenciatura en Administración de Empresas me preguntó: ¿cómo se puede ser proactivo y fundar una empresa que luego sea exitosa en un mundo tan complejo, riesgoso y con constante incertidumbre? No recuerdo qué le respondí, pero ahora contemplando el atardecer que ya comenzaba a transformarse en noche, le diría: "aquí tienes una receta", (algo que no sé por qué todos los estudiantes desean).

Haz un cóctel:

- Introduce todos los elementos objetivos que aprendiste en la Facultad.

- Agrégale los elementos subjetivos de los que nada te explicaron.

- Adiciona tu abundante capital interior.

- Coloca la coctelera a funcionar: ni en el extremo de la velocidad baja (casi paralizante) del miedo, ni en la velocidad máxima de la vorágine del coraje excesivo; hazla funcionar a una velocidad media.

- Agrégale una pizca de buen humor y...

- ¡Sigue tu instinto!

Seguir el instinto... algo tan antropológicamente animal que ya casi lo ignoramos.

–¿Duermes? – me preguntó Rafael mientras se acomodaba en su asiento.

–No –respondí –converso con mi instinto...

www.ingramcontent.com/pod-product-compliance
Lightning Source LLC
Chambersburg PA
CBHW051343200326
41521CB00014B/2462